Andreas Lehne

Wie kommt der Hirsch aufs Dach?

60 erstaunliche Entdeckungen in Wien

Metroverlag

Vorwort

Ein Vorwort ist ein Blitzableiter, wie Georg Christoph Lichtenberg sagt, und tatsächlich verlangt ein derartiges Wien-Buch, das neue Kuriosa präsentiert, eine Rechtfertigung. Es geht darum, zu zeigen, dass Spuren im Stadtbild präsent sind, die auf die Vergangenheit verweisen und die für jemanden, der Spurenlesen gelernt hat, Vergangenheit vergegenwärtigen. So wie Old Shatterhand aus dem niedergetretenen Gras, den abgebrochenen Ästen und der noch warmen Losung eine präzise Vorstellung davon entwickelt, wie und wann welcher Grizzly eine gewisse Stelle passiert hat. Dank der Überlegenheit des stabilen Ortes über die flüchtige Zeit werden an gewissen, vielleicht unmerklichen Veränderungen, die er mitgemacht hat, historische Ereignisse, Gebräuche, Gewohnheiten, im weiteren Sinn aber auch Lebensumstände, Mentalitäten oder Weltanschauungen früherer Bewohner oder Benutzer nachvollziehbar. Ja, mehr als das! Die toten Dinge werden verlebendigt, sie sprechen eine direkte authentische Sprache und bezeugen aus erster Hand, was als bloß Vermitteltes, Gelerntes aus zweiter Hand aufgenommen wurde: „Das geistige Vermächtnis der Vergangenheit wird sinnlich erfahrbar durch kundige Augen, die auf sichtbare Relikte stoßen", so die Kulturwissenschaftlerin Aleida Assmann.

Und damit wären wir bei den Kriterien für die Auswahl der hier versammelten Merkwürdigkeiten. Es handelt sich durchwegs um Objekte, Zeichen und Spuren, die im Straßenbild oder im öffentlichen Raum für jeden Passanten wahrnehmbar sind, auf die aber nicht eigens durch Hinweistafeln aufmerksam gemacht wird. Es sind daher in der Mehrzahl subtile Spuren, die vorgestellt werden und die als Anregung dienen sollen, sich selbst auf die Fährte nach der vierten Dimension der Stadt, nach ihrer Vergangenheit, zu begeben. Wer mit solcherart geschärften Sinnen und mit detektivischem Gespür die Stadt durchwandert, für den werden auch gewohnte Wege neue Faszination gewinnen.

Im abschließenden Kapitel „Gespeicherte Erinnerung" (siehe Seite 189) wird der Versuch unternommen, etwas über die Möglichkeiten einer unmittelbaren Beziehung zur Stadt auszusagen, zu fragen, ob die Bedingungen für eine emotionale Beziehung sich im Lauf der Zeit wandeln, wie die Bürger im Lauf der Zeit auf Veränderungen ihrer Stadt reagieren und in welcher Weise dieses Verhältnis vom tradierten Wissen über die Stadt abhängig ist.

Das vorliegende kleine Buch soll auf einfache Weise Wissen um die Vergangenheit der Stadt vermitteln und möchte so als bescheidener Beitrag zu einer alternativen Form der „Großstadtheimatkunde" betrachtet werden.

Die einzelnen Spuren, die Wegweiser in verschieden weit entfernte Vergangenheiten, sind nach Gesichtspunkten der Ästhetik und der Abwechslung gereiht. Im Anhang findet sich ein topografisch geordnetes Adressverzeichnis mit den entsprechenden Verweisen, ein Personen- sowie ein Literaturverzeichnis.

Andreas Lehne

Wie kommt der Hirsch aufs Dach?

An der Ecke Taborstraße/Karmeliterplatz stand bis 1911 das alte, im Kern barocke Bürgerhaus „Zum Goldenen Hirschen", in dem unter anderen auch Mitglieder der Komponistenfamilie Strauß gewohnt hatten. Als der Hausbesitzer und Bauunternehmer Eduard Grünhut im Jahr 1911 daranging, das von ihm erworbene historische Eckhaus abreißen zu lassen, schenkte er dem Historischen Museum der Stadt Wien das Hauszeichen, eine kleine Bleigussfigur eines goldenen Hirschen. In den Sammlungen des heutigen Wien Museums ist sie unter der Inventarnummer 34.345 zu finden. Grünhut hatte nämlich für sein neu zu errichtendes repräsentatives Zinshaus Größeres im Sinn: Im Jahr zuvor war auf der „Ersten internationalen Jagd-Ausstellung", die aus Anlass des 80. Geburtstags des Kaisers Franz Joseph (der bekanntlich ein begeisterter Jäger war und insgesamt etwa 55.000 Stück Wild geschossen haben soll) im Wiener Prater stattgefunden hatte, die überlebensgroße Statue eines prächtigen Hirschen zu sehen gewesen, die das Dach des als Jagdschloss gestalteten Deutschen Pavillons bekrönte. Diese von dem Düsseldorfer Bildhauer August Vogel (1859–1932) geschaffene Plastik eines Sechzehnenders wollte Grünhut als grandioses, weithin sichtbares Zeichen für seinen Neubau haben. Er ließ eine Kopie abformen und sie auf einem Sockel über der Hausecke platzieren. Bis heute blickt daher ein riesiger, allerdings nicht mehr goldener, sondern grün-spaniger Hirsch vom Dach des Hauses auf die gegen-überliegende Karmeliterkirche und erinnert so an ein längst vergessenes Ausstellungsereignis, das einst eine Sensation dargestellt hatte.

Kanonen gegen die Stadt

Wegen der vielen nach 1945 vorgenommenen Veränderungen, der inhomogenen Neubauten und seiner vielfältigen Nutzung sieht man dem (heute in Privatbesitz befindlichen) Arsenal seine militärische Vergangenheit nicht unbedingt an. Dennoch wirkt es nach wie vor als städtebauliche Einheit, als „Stadt in der Stadt", und wenn man ein Gebäude finden will, muss man sich nach wie vor nach Objekt- und nicht nach Hausnummern umsehen. Seine Vergangenheit als eine die Stadt bedrohende Zitadelle ist nach wie vor an vielen Details ablesbar.

Ende Oktober 1848 wurde das von revolutionären Bürgern gehaltene Wien von kaisertreuen Truppen unter Ban Joseph Jelačić und Fürst Alfred Windischgrätz erobert. Da auf Wien und seine Bürger also kein Verlass mehr war, konzipierte das Militär ein gegen die Stadt gerichtetes Festungsdreieck, das aus der Franz-Joseph-Kaserne (an der Stelle des heutigen Postsparkassengebäudes, 1900 abgerissen), der Rossauer Kaserne (1865–1869 im Zuge der Erbauung der Ringstraße errichtet) und dem Arsenal bestand. Auf einer Erhebung südlich

der Stadt gelegen – die Stadt innerhalb der Reichweite der damaligen Kanonen –, sollte das Arsenal als Waffendepot und -produktionsstätte, vor allem aber auch als verteidigungsfähige Kaserne dienen. „Aus den Hauptgebäuden, Werkstätten und Depots muß man mit Gewehren feuern können … die Kasernen müssen so angelegt sein, daß eine Bestreichung des Umfanges und Vorfeldes möglich ist", stand in der Ausschreibung. Dieser Festungscharakter ist dem Arsenal noch heute anzusehen und an vielen Details abzulesen. Bei den Erdgeschoßfenstern des Objektes 16 handelt es sich nicht um normale Fenster, sondern um Geschützpforten. Die Laibungen der dicken Mauern sind asymmetrisch gestaltet, sodass sich für jede Öffnung ein anderes Schussfeld ergibt.

Die Errichtung des Heeresgeschichtlichen Museums als Ruhmeshalle (1850–1856) der kaiserlichen Armee wurde im Nachhinein in das Bauprogramm aufgenommen und wegen der überreichen künstlerischen Ausstattung erst 1891 vollendet. In der dortigen Feldherrenhalle wurde Jelačić und Windischgrätz, die die Stadt Wien für die Habsburger zurückerobert haben, naturgemäß ein besonderer Platz eingeräumt.

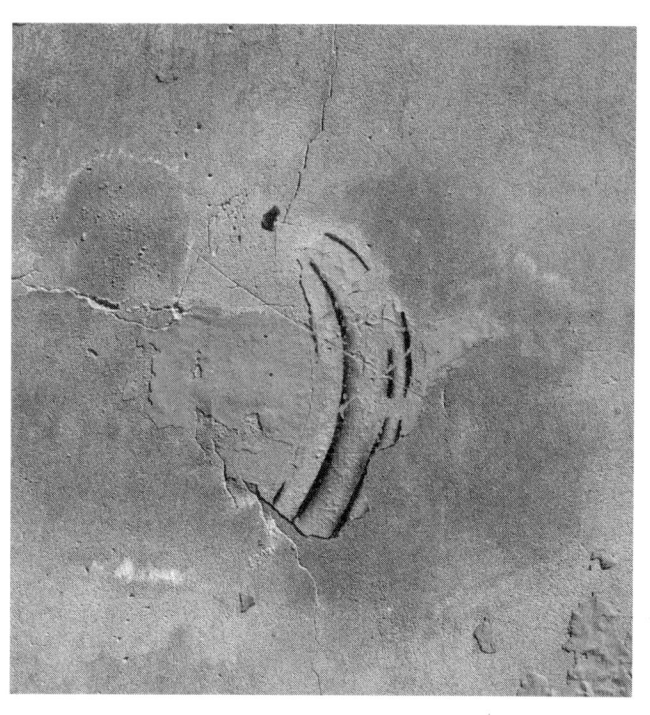

Der Bananensprayer

Alles begann 1983 während seiner Zivildienstzeit in einem katholischen Krankenhaus mit der blasphemisch-provokanten Kreuzigung einer Bananenschale. Die Banane wurde zum Markenzeichen von Thomas Baumgärtel. Der Konzept- und Performancekünstler hat 1986 zunächst in Köln damit begonnen, die Außenwand von Kunstorten mit in Schablonentechnik aufgetragenen zweifarbigen Bananen kenn- und auszuzeichnen und hat dieses Konzept dann in der ganzen Welt weiterverfolgt. Inzwischen sollen mehr als 4000 Kunstorte mit seinen Bananen versehen worden sein. Wien hat Baumgärtel erstmals 1992 heimgesucht. Aus dieser Zeit dürfte die abgebildete Banane am Haus Schönlaterngasse 7a stammen, in dem damals die städtische Artothek-Galerie untergebracht war. Diese Wiener Banane scheint bereits etwas vom Zahn der Zeit angebissen, und sie wäre wohl kaum mehr sichtbar, hätte man sie nicht bereits zweimal restauriert. Mit der Etablierung Baumgärtels als international bekannter Künstler, dessen Werke in zahlreichen Ausstellungen gezeigt wurden, haben sich seine auf der ganzen Welt verstreuten Bananen inzwischen

15

von den Signaturen eines namenlosen „Taggers"[1] zu einem weltweiten Konzeptkunstwerk entwickelt, das Kunstorte zu einem weltweiten Netzwerk verbindet. Die einzelnen Elemente dieses Netzwerks gelten inzwischen als Gütesiegel und werden von „Insidern" gepflegt und behütet.

---

1 Ein Tagger hinterlässt im Stadtbild seine Spuren: mit Graffitis, verschiedenen Schriftarten bzw. mit geklebten Bildern, die häufig eine politische Dimension haben.

Bissspuren in der Hofburg

Die Hofburg wird täglich von tausenden Einheimischen und Touristen besucht, die sich angesichts der grandiosen architektonischen Hülle allerdings kaum Vorstellungen vom Betrieb machen können, der einst hier herrschte. Die Heerscharen von Silberputzerinnen und Kammerdienern, Heizern, Köchen und Weißnäherinnen haben kaum Spuren ihres Wirkens hinterlassen. Haushaltsarbeit ist unsichtbar. Noch weniger blieb von der gänzlich unproduktiven Tätigkeit des Wartens auf der Wache. Jahrhundertelang haben hier Soldaten in ihren prächtigen Uniformen tagtäglich ein buntes Bild geboten – und gleichzeitig inständig auf das rasche Verstreichen der Zeit gehofft. Nichts ist davon geblieben. Und doch hat eine spezifische Gruppe von Hofbediensteten unmittelbare Spuren frustrierten Wartens hinterlassen. In dem rechten „Seitenschiff" (Blickrichtung Heldenplatz) der heute von Fußgängern, Citybussen und Taxis frequentierten Durchfahrtshalle des Leopoldinischen Traktes zwischen Innerem Burghof und Heldenplatz (sie stammt in der heutigen Form aus dem frühen 19. Jahrhundert) hat man lange Zeit hindurch die vom

Hof benötigten Reitpferde an den die Fahrspuren trennenden Querbalken angebunden. Nervös, gelangweilt, manchmal vielleicht auch hungrig haben die Rösser diese Balken beknabbert. Und sie hätten die Hölzer wohl im Lauf der Zeit gänzlich durchgebissen, wären nicht die Gründung der Republik und die Erfindung des Automobils dazwischengekommen. Die zerfurchten Balken haben wunderbarerweise alle zwischenzeitlichen Instandsetzungsarbeiten der Hofburg überlebt, sie gehören heute zu den letzten im öffentlichen Raum präsenten Gebrauchsspuren, die vom Alltagsleben des Wiener Hofes geblieben sind.

LSR – NA – MD

Rudolfsheim-Fünfhaus, Schweglerstraße 43, an sich ein unauffälliges Wohnhaus, vielleicht an die 100 Jahre alt. Wird man darauf hingewiesen, kann man eigenartige Zeichen und Buchstaben auf dem grauen, anscheinend schon lange nicht mehr gestrichenen Verputz erkennen. Am auffälligsten sind lange, schräg nach unten verlaufende Pfeile, die auf Kellerfenster zeigen; sie sind an ihrem oberen Ende mit NA bezeichnet. Die Stelle, an der zwei Hausabschnitte durch eine Fuge getrennt sind, ist knapp über den Erdgeschoßfenstern mit MD beschriftet, neben einem Fenster nahe dem Hauseingang befindet sich die Abkürzung „LSR". Es handelt sich um mit fluoreszierender, also selbstleuchtender Farbe aufgetragene Hinweise, dass der Keller des Hauses als Luftschutzraum (LSR) genützt wurde. „NA" bedeutete Notausstieg, MD Mauerdurchbruch: Hier bestanden Durchgänge in den Zwischenmauern.
Die bis in die 1950er- und 60er-Jahre an vielen Häusern sichtbaren Zeichen verweisen also auf den Bombenkrieg und auf das Leid der Bevölkerung. Im Falle eines durch Sirenen signalisierten Fliegeralarmes (Richtung

und Ziel der heranfliegenden Geschwader versuchte man aus relativ großer Entfernung einzuschätzen) mussten möglichst rasch die Luftschutzkeller aufgesucht werden. Oft harrten die Menschen Stunden in Todesangst und -gefahr eng zusammengepfercht aus (im März 1945 verbrachte die Bevölkerung insgesamt 54 Stunden in den Schutzräumen). Die adaptierten Keller von Wohnhäusern boten allerdings keinen hundertprozentigen Schutz. Obwohl Österreich erst relativ spät zum Ziel alliierter Bombenangriffe wurde (die „Ostmark" galt in den ersten Kriegsjahren als „Reichsluftschutzkeller") und auf Wien nur wenige Großangriffe gestartet wurden, starben hier zwischen dem 17. März 1944, dem Tag des ersten Luftangriffs, und dem 28. März 1945, dem Tag des letzten, 8769 Menschen an den Folgen des Luftkriegs, der vom NS-Regime schon früh antizipiert worden war. Bereits 1933, unmittelbar nach der Machtübernahme, wurde der Reichsluftschutzbund, der dann auch als NS-Propagandainstrument diente, gegründet. Mit dem Krieg gegen die Zivilbevölkerung hatte die Deutsche Wehrmacht durch den Angriff auf Coventry am 14. November 1940 begonnen. In der Folge wurde das gezielte Zerstören von Städten vom NS-Regime als „Coventrisieren" bezeichnet.

In Wien hat sich eine Arbeitsgruppe mit der Dokumentation der noch vorhandenen Spuren des Bombenkriegs beschäftigt und die Ergebnisse auf der Website www.luftschutzkeller.at zugänglich gemacht.

Doderers Zwillinge

Heimito von Doderer stammte aus einer begüterten
Baumeister-Dynastie – das Familienwappen zierte ein
Säulenkapitell. So besaß er Verständnis und vor allem
ein feines Gespür für die gebaute Umwelt – für die Stadt-
landschaft, aber auch für die Häuser, aus denen sie zu-
sammengesetzt ist. Sein dem Schöpfer der namensgebenden Anlage gewidmetes Werk „Die Strudlhofstiege" von
1951 ist ein Porträt des Viertels zwischen Währingerstra-
ße und Donaukanal, das als exakt beschriebene Bühne
für die vielfältigen und komplizierten Begegnungen der
zahlreichen Akteure dient. Ein Beispiel für die topografi-
fisch genaue Schilderung der Behausungen, in der die
Protagonisten leben, wären etwa die „Miserowskyschen
Zwillinge". Zwei nebeneinander stehende, ident gestaltete
Zinshäuser in der Porzellangasse Nummer 44–46 und
48; in einem dieser Häuser, die 1891/92 nach Plänen von
Cajetan Miserowsky und Oswald Luckeneder errichtet
wurden, lässt Doderer den „kleinen E. P." wohnen: eine
Persönlichkeit von „skurriler Originalität und bedeuten-
dem Charme". Sein Wohnzimmer, im ersten Stock an
der Hausecke gelegen, wird im Roman genau beschrie-

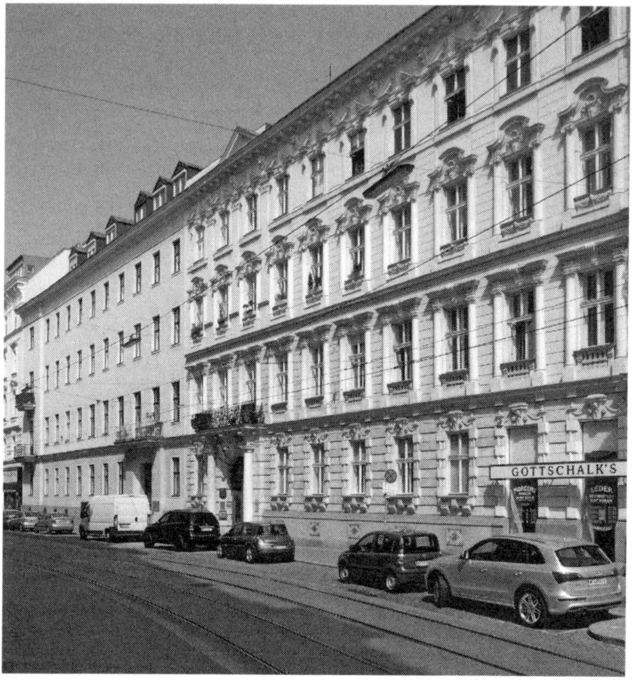
GOTTSCHALK'S

Erbaut 1892
von
O. Luckeneder u. C. Miserowsky
Architekten und Stadtbaumeister
II. Untere Augartenstrasse № 3.

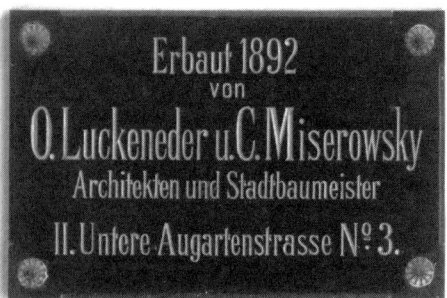

ben, es verfügt über eine ganz besondere akustische Qualität: „Es erklang dieser Raum übrigens in einer seltsam hohlen und klagenden Weise wie eine Äolsharfe, wenn unten durch die lange und hier ganz gerade Gasse ein Straßenbahnzug rasch dahinglitt: Denn das eine Ende eines quertragenden starken Kabels, daran die Leitungen hingen, war in der Ecke des Hauses verankert, dicht am Zimmer des kleinen E. P."

Die Miserowskyschen Zwillinge existieren noch, sie haben sich in der Zwischenzeit allerdings deutlich auseinanderentwickelt. Während das Haus 44–46 in seiner ursprünglichen Erscheinung erhalten ist, präsentiert sich das Haus Nr. 48 heute nackt, die Fassade wurde abgeschlagen. In den 1950er- und 60er-Jahren hat man derartige „Fassadenvereinfachungen" als ästhetische Verbesserung empfunden – die historistischen Stuckgliederungen galten nicht nur als altmodisch, sondern auch als besonders hässlich. In den Entrees beider Häuser befinden sich noch heute die Marmortafeln, die auf die Autorschaft von Miserowsky und Luckeneder hinweisen, und auch die Straßenbahn – es ist nach wie vor die Linie D – fährt noch immer durch die Porzellangasse. Das Kabel, das Oberleitung und Haus verbindet, existiert nicht (oder nicht mehr). Die besondere Eigenschaft des Eckzimmers als Resonanz-Raum lässt sich daher leider nicht mehr nachvollziehen.

Eislaufen auf dem Wienfluss?

Um 1900 verschwand die Wien aus dem Zentrum. Ein langer Teil ihres Laufes wurde eingewölbt, erst im Stadtpark sollte sie wieder ans Tageslicht kommen. Dort wurde dieser Auftritt allerdings aufwendig inszeniert. Friedrich Ohmann entwarf 1902/03 das „Wienflußportal", mit flankierenden Pavillons und grotesken Brunnenanlagen, die allerdings unvollendet blieben: Vorgesehen waren steinerne Riesenechsen und wasserspeiende Elefantenskulpturen. Er konzipierte auch die die Flussstrecke begleitenden, für ein elegantes Publikum bestimmten Promenaden und schließlich die „Milchtrinkhalle im Kinderpark", die heute ein Haubenrestaurant beherbergt. Hier waren in einem Gebäude zwei Bauaufgaben zu realisieren und zu gestalten. Aussehen sollte es laut Ohmann so: „Auf der … [Rück-]Seite der Typus des ländlich-gemütlichen, flachliegenden, als Milchwirtschaft sich charakterisierenden eingeschoßigen Bauwerks, auf der anderen Seite das an den monumentalen Charakter des Quaderbaues der Wienflußkaimauer anklingende zweigeschoßige Gebäude mit großer Orchesternische für den Eislaufplatz." Ja, tatsächlich: Im Win-

27

ter sollte man hier Eislaufen können. Im Tiefgeschoß der „Milchtrinkhalle" befanden sich Garderoben, Treppenanlagen führten zum Flussbett. Mithilfe einer technisch raffinierten, mit einem Umlaufkanal versehenen selbsttätigen Wehranlage, die einen gleichbleibenden Wasserstand von 1,3 Meter garantierte, konnte man den Fluss aufstauen, sodass ein großflächiger Platz zur Verfügung stand; dazu dann Livemusik aus der Orchesternische … Nach einschlägigen zeitgenössischen Architekturbeschreibungen war alles bestens für ein urbanes Eislaufvergnügen vorbereitet – es fehlen allerdings die Hinweise, dass es wirklich jemals stattgefunden hat.

Haben Sie die Zeit?

Verzeihung, haben Sie die Zeit? Die exakte Zeit zu haben, war im 19. Jahrhundert ein Luxus. Gute Uhren waren extrem teuer, man konnte sie nicht nach Radio oder Fernsehen justieren, sondern war auf Turmuhren angewiesen. Aber gingen die auch wirklich richtig? Worauf konnte man sich verlassen? Auf das Militär natürlich. In Wien übernahm das Militär die wichtige Dienstleistung, die genaue Zeit zu liefern.

Das hinter dem Rathaus an der Lastenstraße gelegene Gebäude des 1840–1842 errichteten Militärgeographischen Instituts (heute Sitz diverser Magistratsabteilungen) wird von einem pavillonartigen Uhrturm bekrönt. Darüber befindet sich ein vergoldeter Globus – man beherrschte zwar nicht die Welt, aber immerhin die Geografie. Diese Uhr ging genau, und damit man auch aus größerer Entfernung die private Uhr danach stellen konnte, wurde täglich um 12 Uhr „… durch Fallenlassen eines roten Ballons längs einer 5 Meter hohen Stange", die sich auf dem flachen Dach des Gebäudes befand, das „Mittagssignal" gegeben. Dabei wurde zunächst die lokale Zeit angegeben. 12 Uhr Mittag entsprach jenem

Moment, an dem die Sonne über Wien am höchsten stand. 1891 hat man dann auf Mitteleuropäische Zeit umgestellt. Eisenbahnverkehr, Börsenhandel und vor allem die neuen Technologien der Telegrafie und Telefonie ermöglichten und erzwangen eine Vereinheitlichung durch Schaffung größerer Zeitzonen.

Im Hinblick auf ihre Relation zur Zeit, aber auch zum Ort, bildete das Haus einen festen Bezugspunkt für die Wienerinnen und Wiener. Im Foyer findet sich noch immer die Höhenmarke des „Präzisionsnivellements". Der angegebene Punkt befindet sich exakt 186,136 Meter über dem adriatischen Meer. Die städtebauliche Bedeutung des Hauses und möglicherweise auch seine Funktion als weithin sichtbarer, zeitverkündender Blickpunkt waren so wichtig, dass man sogar die Achsen der Ringstraße danach ausrichtete. Es diente als *point de vue* für Burg- und Schottenring. Dieser Zusammenhang ging allerdings verloren, als man ab 1870 das ursprünglich als Exerzierplatz freizuhaltende Josefstädter Glacis verbaute und in der Folge Universität, Rathaus und Parlament den Blick auf diesen biedermeierlichen Orientierungspunkt verstellten.

Gegen Reformation an der Als

An die barocke Alserkirche angebaut ist eine kleine Kapelle; an sich ein nicht ungewöhnlicher Anblick – auch die Passionsszene im Inneren wirkt zunächst recht harmlos. Und doch ist diese ehemalige Kreuzwegstation Relikt eines dunklen Kapitels der österreichischen Geschichte.

Die Familie der Jörger von Tollet, deren Mitglieder teilweise in persönlichem Kontakt zu Martin Luther standen, hatte 1587 das Hernalser Schloss (in der Gegend des heutigen Elterleinplatzes) erworben und zu einem Zentrum des Protestantismus gemacht. Auch in Wien, wo evangelische Gottesdienste verboten waren, fand die evangelische Lehre immer mehr Anhänger. Tausende Gläubige kamen an Sonntagen aus der Stadt nach Hernals, um in der dortigen Kirche die Predigt zu hören. Am Nachmittag des 8. November 1620 war das Schicksal des Protestantismus in Österreich jedoch besiegelt. Nach dem Sieg der Katholiken in der Schlacht am Weißen Berg bei Prag wurden die Jörger gnadenlos verfolgt: Karl Jörger starb an den Folgen der Folter, die Familie wurde enteignet, ihre Besitzungen fielen an das Wiener

Domkapitel (noch heute wird der Pfarrer von Hernals vom Domkapitel bestellt). Zum Zeichen der radikalen endgültigen Auslöschung des Protestantismus errichtete man an der Stelle des Hernalser Schlosses einen Kalvarienberg, der ab 1639 Ziel einer großen jährlichen Wallfahrt wurde, die von St. Stephan ihren Ausgang nahm. Von den einst sieben Stationen ist nur mehr diese zweite, Jesus vor dem Hohepriester Hannas, erhalten.

Ein Sockel –
Denkmal eines Denkmals

Biegt man von der Krapfenwaldgasse in die Höhenstraße
ein, so übersieht man gewöhnlich den Rest eines Denkmals, das einst so etwas wie die weltanschauliche Punzie-
rung dieser längsten Straße Wiens gewesen ist: Neben
wenigen überwachsenen Stufen, die den Niveauunter-
schied zwischen den beiden Straßen ausgleichen, steht
ein unscheinbarer Steinquader. In seinem klugen Buch
über die Wiener Höhenstraße hat der Historiker Georg
Rigele darauf aufmerksam gemacht, dass es sich dabei
um den Sockel der Sankt-Engelbert-Säule handelt. Diese
war seinerzeit zu Ehren des Bundeskanzlers Engelbert
Dollfuß errichtet worden, der an dieser Stelle am 18. Mai
1934 den ersten Spatenstich zum wichtigsten Prestige-
bau des Ständestaates gesetzt hatte. Es war ein Spatenstich, der nach den Worten des damaligen Wiener Bürgermeisters, Richard Schmitz, „die Rückführung unseres
Landes und unseres Volkes auf die unvergänglichen
Wurzeln seiner geschichtlichen Kraft und die Aufrich-
tung des neuen Österreich" bedeutete. Das seit 1933 auto-
ritär regierende Dollfuß-Regime hatte aus beschäfti-

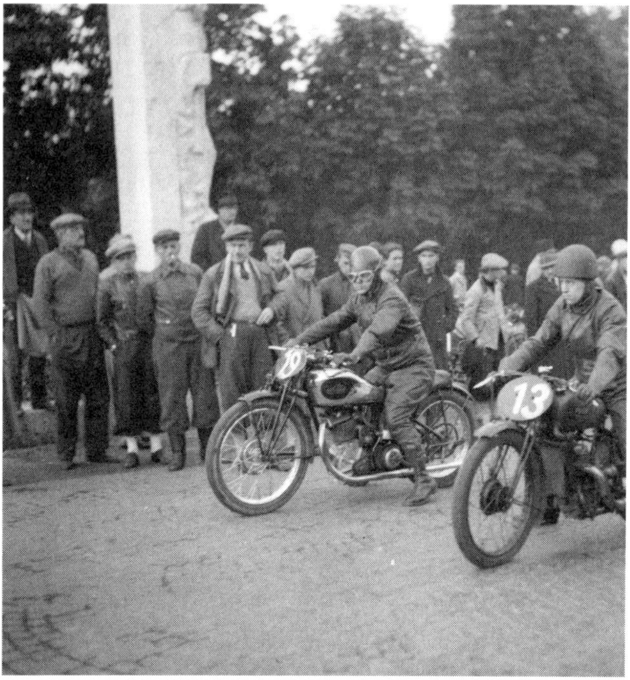
13

Leopoldsberg
Kahlenberg

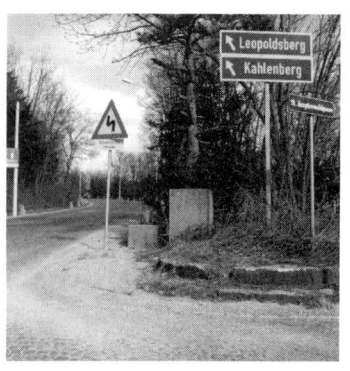

gungspolitischen Gründen auf ein aus der Lueger-Zeit stammendes Straßenbauprojekt zurückgegriffen, das eine Kompensation für das eingestellte kommunale Wohnbauprogramm sein sollte und gleichzeitig als Investition in den Tourismus gedacht war.

Die mit Millionen sogenannter „Kleinsteine" aus Granit gepflasterte Höhenstraße entstand weitgehend in Handarbeit. Man hatte ganz bewusst auf den Einsatz von Maschinen verzichtet, insgesamt waren 74 Firmen mit bis zu 600 Mitarbeitern beschäftigt. In Barackenlagern untergebrachte jugendliche „Arbeitsdienstwillige" sollten die professionellen Kräfte unterstützen. Die Eröffnung des ersten Bauabschnitts erfolgte am 16. Oktober 1935.

Zur Popularisierung der neuen Straße wurden seit 1936 Bergrennen veranstaltet, wobei der Start bei der Sankt-Engelbert-Säule erfolgte. Nach der Machtübernahme durch die Nationalsozialisten im März 1938 wurde das Denkmal umgehend entfernt.

Wünsch Dir was: Bunte Fenster

Das Wiener Hundertwasserhaus im 3. Bezirk hat sich zu einer weltberühmten Touristenattraktion entwickelt. Bevor Friedensreich Hundertwasser dieses und später eine ganze Reihe anderer Häuser gestalten konnte, bedurfte es allerdings einiger Provokationen – Hundertwasser war ein begnadeter Aktionist –, um seine Visionen einer alternativen, menschengerechteren Architektur umzusetzen. Schon 1958 trug der Künstler, der sich Friedensreich Regentag Dunkelbunt Hundertwasser nannte, bei einer Veranstaltung in der Abtei Seckau sein „Verschimmelungsmanifest gegen den Rationalismus in der Architektur" vor. 1969 schockierte er die damalige Wiener Vizebürgermeisterin und Kulturstadträtin Gertrude Fröhlich-Sandner, als er sich bei einer Ausstellungseröffnung vor ihr auszog. 1972 nützte der Künstler einen Auftritt in der populären Quizsendung „Wünsch Dir was", um für sein Architekturideal zu werben. Dabei proklamierte er das „Fensterrecht": Jeder sollte das Recht haben, seine Fenster individuell zu gestalten, was er im Lauf der Sendung demonstrierte, indem er an der Wiener Gemeindebauwohnung einer am Quiz teilnehmenden

Familie die Fensterlaibungen mit bunten Farben bemalte. 1977 war es dann endlich so weit. Bundeskanzler Bruno Kreisky bat Bürgermeister Leopold Gratz in einem persönlichen Brief, Hundertwasser Gelegenheit zur Verwirklichung seiner architektonischen Utopien zu bieten – was dann auch geschah. Das Haus wurde schließlich 1985 eröffnet.

Hundertwassers Wünsch-Dir-was-Intervention an einer Gemeindewohnung im Hernalser „Bevin-Hof" wurde übrigens im Nachhinein in Mosaiktechnik umgesetzt und hat auch die Wärmedämmungsmaßnahmen an diesem Gemeindebau überlebt. An der Stelle des Mosaiks wurde die Styroporverkleidung ausgespart. Das sich dadurch ergebende eigenartig unregelmäßige Fassadenrelief hätte Hundertwasser vermutlich gefallen.

Bedürfnisstillung seit 1883

Das Wien der Jahrhundertwende war in vielen Dingen seiner Zeit voraus. Nicht weiter verwunderlich also, dass es auch auf dem etwas anrüchigen Gebiet der öffentlichen Bedürfnisanstalten führend war: „Die Konstruktion und Instandhaltung derselben ist mustergültig und auch schon vielfach in anderen Städten als Vorbild gewählt worden", heißt es in dem von Paul Kortz herausgegebenen zweibändigen Wien-Führer von 1906. Die Idee kam allerdings aus Berlin. Von dort stammte der Unternehmer Wilhelm Beetz, der 1883 eine Vereinbarung mit der Stadt Wien traf, die es ihm gegen eine prozentuelle Beteiligung der Stadt erlaubte, derartige Bedürfnisanstalten „aus Eisen mit Ziegelunterbau und Steinsockel in gefälliger Form" zu errichten. Er konnte dafür 10 Heller für die Benützung eines Klosetts 1. Klasse und 6 Heller für eines 2. Klasse einnehmen. Besonders stolz war man auf die Pissoirs, die nach einem 1885 patentierten System der „Öldesinfektion" und des „Ölgeruchsverschlusses" funktionierten: „Die Wandflächen der Pißstände werden mit einem Mineralöle (Urinol) abgerieben, um so ein Haften von Urinbestandteilen zu verhindern. Der Ge-

41

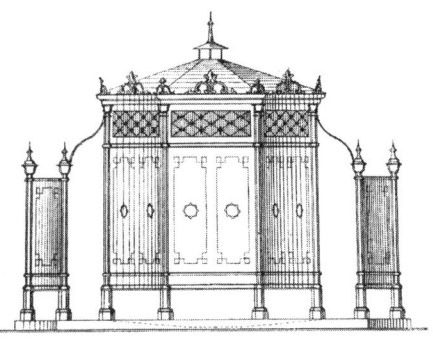

ruchsverschluss besteht aus einem Syphon, in welchem an der Zulaufseite die in demselben stehende Flüssigkeit mit einer Schicht Urinol abgedeckt wird, welches, weil es leichter als Wasser ist, immer oben verbleibt. Dieses System ist vollkommen geruchslos", steht stolz im „Kortz". In einigen der Bedürfnisanstalten·haben sich auch noch Tafeln erhalten, auf denen die Benützer „um grösste Reinlichkeit und das Ordnen der Kleider in der Anstalt" gebeten werden.

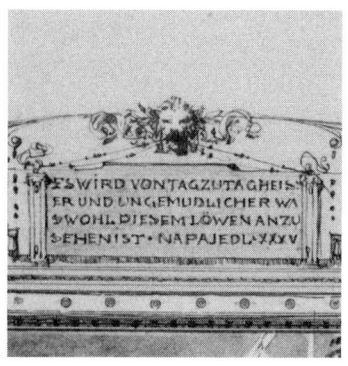

ES WIRD VONTAGZUTAGHEIS
ER UND UNGEMÜDLICHER WA
S WOHL DIESEM LÖWEN ANZU
SEHEN IST · NAPAJEDL·XXXV

Hundstage

Ein verzerrtes Lächeln, grimmiger Blick, weit aufgerissenes Maul. So schaut das Gesicht von einem Pfeiler der Stadtbahnbrücke herunter, sodass man sich fragt, woher dieser seltsame Ausdruck wohl kommen mag. Wer sich durch eine Stadt bewegt, ist auf Schritt und Tritt mit von Menschenhand geschaffenen Objekten konfrontiert, denen ein Entwurf zugrunde liegt. Ein Kreativer hat sich einst bemüht, etwas zu gestalten, und es kann durchaus sein, dass sein Entwurf von einer momentanen Stimmung oder Laune beeinflusst war, doch wird ein persönlicher, emotionaler Ausdruck beim Design von Gebrauchsgegenständen im öffentlichen Raum meist unterdrückt. Normalerweise denken wir darüber auch kaum nach, sondern akzeptieren das Kreierte als etwas Vorhandenes, als gegebene Tatsache. Bis wir etwa auf eine Skulptur wie diese treffen, die als individuell gestaltetes, groteskes Kunstwerk einen eigenartigen Kontrapunkt zum technischen Brückentragwerk bildet, dessen Teil sie ist. Ein seltsames, aber doch für die Zeit um 1900 und vielleicht auch für Otto Wagner, der seinen Mitarbeitern durchaus Spielraum für eigenständige Lösungen bot, charakteristisches Phänomen. Unter den wenigen überlieferten Beispielen der vielen tausend Zeichnungen, die im Zuge der Stadtbahn-Planungen entstanden sind, gibt es eine vorbereitende Studie für eine Ansicht der „Brücke über die Zeile". Dabei hat der Künstler viel Arbeit in den Rahmen investiert; der obere Abschluss als eine Art Inschriftplatte skizziert, die vom Maul eines Löwen herabhängt. Hier hat der Künstler nicht den endgültigen Text hineingeschrieben, sondern uns eine kleine Botschaft übermittelt, auf welche Weise die gerade herrschenden Rahmenbedingungen sein Werk beeinflusst haben. „Es wird von Tag zu Tag heißer und ungemütlicher was wohl diesem Löwen anzusehen ist", steht da zu lesen. Wer weiß, welche äußeren Einflüsse oder inneren Emotionen den Entwurf des Währinger Kopfes bestimmt haben: Ärger, Hitze, Eifersucht, Liebeskummer ... ?

Abertausend Kastanienbäume

Wann ist Wien am schönsten? Zweifellos an jenen Tagen im Mai, wenn die Kastanienbäume blühen. Aus dem frischen Laubwerk leuchten dann die weißen oder roten Blütenstände, und diese „Kerzen" erzeugen in Parks und Alleen eine gartenfestliche Atmosphäre, die geeignet ist, Stadtspaziergänger in gehobene Stimmung zu versetzen. Freilich dauert diese Festbeleuchtung nicht lange. Wenn der Wind die Blüten wie Schnee von den Bäumen geweht hat, kann man sich noch einige Zeit an einem rotweißen Blütenteppich erfreuen, doch dann kommt schon die Angst vor der Wiener Sommerhitze, die sich allerdings unter hohen, dicht belaubten Kastanienbäumen leichter wird ertragen lassen.

„Agazebam und kastanien san weanaresche bam!", schrieb H. C. Artmann in einem seiner schönsten Gedichte. Zwar hat Wien durchaus kein Kastanienbaum-Monopol, aber doch ist diese Stadt in besonderer Weise mit der Rosskastanie, Aesculus hippocastanum, verbunden. Der in Griechenland, Albanien und Mazedonien heimische Baum, dessen Früchte als Pferdenahrungs- und -heilmittel bekannt waren, gelangte über ein

Geschenk des Sultans von Konstantinopel nach Wien. 1559 pflanzte hier der Botaniker Carolus Clusius die erste Rosskastanie und verschickte die Früchte dann an diverse europäische Fürstenhöfe. Der Baum hat also von Wien aus seinen Siegeszug angetreten. Jener Clusius hieß eigentlich Charles de l'Écluse und stammte aus Belgien. Kaiser Maximilian II., ein toleranter, moderner, musisch und vor allem wissenschaftlich interessierter Herrscher, hatte den berühmten Gelehrten als „Hofgärtner" nach Wien geholt, wo sein Rat für die Planung und Errichtung einer riesigen, östlich von Wien gelegenen Gartenschlossanlage gebraucht wurde. Dieses „Neugebäude" blieb allerdings zu Maximilians Lebzeiten unvollendet, geriet bald in Verfall und auch in Vergessenheit. Zwar bestehen Reste von Schloss und Garten noch heute (XI., Neugebäude, Otmar-Brix-Gasse 1), doch stellen sie keine repräsentative Erinnerungsstätte für diesen Fürsten dar, der eine solche durchaus verdient hätte. Wir können daher die Kastanienbäume – es gibt Zehntausende davon in Wien – als lebendige Denkmale für diese bemerkenswerte Herrscherpersönlichkeit betrachten.

Ein fürstliches Buffet

Das „Krapfenwaldl" ist heute im Zusammenhang mit dem städtischen Schwimmbad ein Begriff. Der nette Name stammt von dem Geheimen Kriegsrat Franz Josef Krapf, der hier ein Waldhaus, die Krapfenhütte, besaß. Später gelangte der Höhenrücken mit seinem lichten Föhrenwald in den Besitz des Fürsten Liechtenstein, auf ihn dürfte der Gartenpavillon mit dem charakteristischen Spitzgiebel und dem von zwei Säulen getragenen Balkon zurückgehen. Er steht fast am höchsten Punkt der Erhebung und bietet einen prächtigen Ausblick über die Döblinger Weinberge auf die Stadt. Als man um 1900 die Meriten des heimischen Biedermeier neu erkannte, entdeckte man auch das Lusthaus als Beispiel für den adretten, gemütlich-intimen Stil dieser Epoche. Das Salettl wurde in einschlägigen Büchern abgebildet und diente sogar als Motiv für eine Postkarte der Wiener Werkstätte (Nr. 433, Karl Schwetz). Um die vorletzte Jahrhundertwende hat die Stadt Wien das „Krapfenwaldl" – hier befand sich inzwischen eine Haltestelle der Kahlenbergbahn – erworben und am Fuß des Hügels ein riesiges „Volksrestaurant" errichtet, das 1911 eröffnet wurde. 1923, der sozialistischen Stadtregierung war Volksgesundheit wichtiger als Volksrestaurants, entstand hier ein städtisches Sonnen-, Luft- und Schwimmbad; im ehemaligen Wirtshaus wurden Kästchenhallen untergebracht. Auch das verträumte Lusthaus, das ursprünglich dem fürstlichen Müßiggang gewidmet war, musste sich den geänderten Zeiten entsprechend nach einer neuen Widmung umsehen – es dient nun als Buffet-Gebäude. Dagegen ist nichts einzuwenden. Es wäre nur schön, wenn sich irgendjemand zuständig fühlen würde, den verloren gegangenen hölzernen Architrav (das ist der Balken, der über den Säulen liegt) zu ergänzen. Die Lücke zwischen Säulenkapitell und Balkon ist nämlich eine schmerzliche.

Besiegtes Schlangengezücht

Dass die sogenannte „Julirevolte" mit dem Brand des Justizpalastes am 15. Juli 1927 einen tragischen Wendepunkt in der Geschichte der Ersten Republik darstellt, lernt man in der Schule. Doch hat der Bau als Schauplatz des furchtbaren Ereignisses von 1927 bisher kaum Eingang ins kollektive Gedächtnis gefunden. Bezeichnenderweise erinnert an keiner der vier Außenseiten des freistehenden Gebäudes eine Inschrift an das dramatische Geschehen, das fast hundert Todesopfer forderte – hier gibt es keine fähnchengeschmückte „Wien, eine Stadt stellt sich vor"-Tafel (nur im Inneren, in der prächtigen Stiegenhaushalle, findet sich eine Gedenktafel, die erst im Jahr 2007 von Bundespräsident Fischer enthüllt wurde).

Das schwer beschädigte Gebäude wurde nach dem Brand instand gesetzt, wobei man bei dieser Gelegenheit ein weiteres Stockwerk aufsetzte. Verantwortlich für den 1931 abgeschlossenen Wiederaufbau war das damals christlichsozial geführte Bundesministerium für Handel und Verkehr, das bei dem neu geschaffenen Dekor des Hauptportals eindeutige weltanschauliche Signale

gesetzt hat: Ein Doppeladler über dem Portal deutet auf den damals auf konservativer Seite bestanden habenden Wunsch nach einer Rückkehr der Monarchie hin. Die Türgitter zeigen einen Mann und eine Frau, die über das Böse in Form von Kraken und Schlangen triumphieren – das Aufgreifen katholischer Symbolik ist hier deutlich spürbar. Schlangen bilden überhaupt das ornamentale Hauptmotiv des Schmiedeeisengitters, wobei ihr Haupt jeweils von einem kreuzförmigen Schwert durchdrungen dargestellt ist. Der Kunstkritiker und Kulturhistoriker Jan Tabor hat darauf hingewiesen, dass mit diesen Schlangen wohl nur der Marxismus gemeint sein kann …

Blühende Landschaft über Müllberg

Der breite künstliche Teich im schmalen Schatten des Donauturms bildete einst das Zentrum der Wiener Internationalen Gartenschau (WIG) des Jahres 1964. 19 Jahre nach Ende des Zweiten Weltkriegs waren die Kriegsschäden zum allergrößten Teil beseitigt; es ließen sich bereits weit mehr als nur die Grundbedürfnisse der Bevölkerung stillen, ein bescheidener Wohlstand war eingezogen. Stolz auf das Erreichte, konnte und wollte sich die Stadt wieder etwas leisten: Wien schöner gestalten und als moderne, gut verwaltete, lebenswerte Stadt der Weltöffentlichkeit präsentieren. In der Zeit zwischen dem 16. April und dem 11. November 1964 zählte man schließlich zweieinviertel Millionen Besucher am Gelände der WIG. Das Konzept bestand in der Schaffung eines großflächigen Erholungs- und Erlebnisraumes jenseits der Donau (die Idee einer Donauinsel war noch lange nicht geboren) und gleichzeitig der Sanierung eines Schandflecks. Denn im Gebiet zwischen dem damals noch von dem breiten Streifen des Überschwemmungsgebiets begleiteten Fluss und der Alten Donau, kaum vier Kilometer Luftlinie vom Stadtzentrum entfernt, war dreißig Jahre lang der Abfall der Großstadt deponiert worden. 60 Prozent des als Park bestimmten Geländes bestand aus acht bis zwölf Meter hohen Müllschüttungen. Es waren 400.000 Kubikmeter Erdmaterial zu bewegen und 250.000 Kubikmeter Humus aufzubringen, bevor mit den eigentlichen Gartenarbeiten, wie dem Setzen von 70.000 Bäumen, zwei Millionen Stauden und dem Säen von zehn Tonnen Grassamen, begonnen werden konnte. Dank des Donauturmes – nach wie vor höchstes Bauwerk Österreichs – ist die Erinnerung an die WIG 64 noch nicht ganz verblasst. An den einst hier bestehenden gigantischen kommunalen Misthaufen denkt freilich niemand mehr – manchmal genügt es wirklich, lange genug Gras über eine Sache wachsen zu lassen.

Zur Warnung der Fußgänger

„A Kutscher kann a jeder wer'n, aber fahren kinnans nur in Wean", singt der Fiaker in dem Wienerlied von 1885. Zu dieser Zeit war man innerstädtisch noch ganz auf Pferde oder Ochsengespanne angewiesen. Von den Verkehrsverhältnissen kann man sich kaum eine Vorstellung machen. Auch damals gab es zu viele Wagen für zu kleine Verkehrsflächen – schon 1706 wurde deshalb eine Verordnung erlassen, die die Polizei (bzw. die „Rumorwache") ermächtigte, widerrechtlich geparkte Fahrzeuge zu entfernen. Die Straßen in der Inneren Stadt waren viel schmäler als heute, erst der spätgründerzeitliche Umbau zur modernen City ermöglichte eine wesentliche Verbreiterung der Hauptverkehrsachsen. Wenn sich zwei Gespanne in einer engen Gasse begegneten, konnte dies zu prekären Situationen führen, da das Rückwärtsfahren mit Pferdewagen nur schwer zu bewerkstelligen ist. Dazu brauchte es dann wirklich die „rechte Pratz'n". Der Wunsch, solch diffizile Begegnungen zu vermeiden, brachte den Berufsstand des Lauffers hervor. Mehr oder weniger prächtig livriert, liefen sie den herrschaftlichen Kutschen voraus und warnten die Entgegen-

Fussgeher Achtung auf das Fuhrwerk!
SCHRITTFAHREN!
Schwerfuhrwerkskutscher haben die Pferde am Zügel
zu führen oder eine erwachsene Begleitperson zur
Warnung der Fussgänger voranzuschicken.
KUNDMACHUNG vom 8. Mai 1912. Mag.-Abt. IV. Z. 2056/II

kommenden. Den jährlich veranstalteten Wettläufen dieser Berufsgruppe verdankt übrigens der Rennweg seinen Namen.

Eine Ahnung von den Mühen des täglichen Verkehrs im Alten Wien vermittelt die nach wie vor mittelalterliche Griechengasse. Gehsteige existieren hier nicht, auf beiden Seiten werden die Hauswände durch zahlreiche große steinerne Radabweiser geschützt, die Beschädigungen verhindern sollten. Die schmale Gasse verläuft noch dazu gekrümmt, sodass sie von beiden Seiten nicht in ihrer ganzen Länge eingesehen werden kann. Aus diesem Grund hatte der Magistrat hier Tafeln anbringen lassen mit der Anweisung, dass „Schwerfuhrwerkskutscher die Pferde am Zügel zu führen oder eine erwachsene Begleitperson zur Warnung der Fußgänger voranzuschicken" hätten.

Mobile Gattenliebe

1657, am 4. Juni, hat der Eisenhändler und Stadtrat Jacob Gerhard für seine Frau Anna ein Denkmal setzen lassen. Wir wissen nicht, warum. Vielleicht war Anna Gerhard gerade verstorben und ihr Mann wollte, dass man sich an sie erinnert. Durch einen nicht besonders routinierten Steinmetz (die Buchstaben laufen in manchen Zeilen über zwei, in anderen über nur eine Fläche des vierseitigen Pfeilers) hat er jedenfalls folgende Inschrift in den Sandstein meißeln lassen: „Gott und unserer lieben Frau zu Ehren hab ich Jacob Gerhard des ausseren Raths und Eisenhandler allhier Anna sein Ehfrau dieses Kreuz alhero machen lassen. Wien den 4. Juny 1657."

Die von einer Pietà-Darstellung bekrönte, ursprünglich frei stehende Bildsäule war dann lange Zeit an der Rückseite der sogenannten Florianikirche aufgestellt, die man 1725 mitten in der Wiedner Hauptstraße errichtet hatte. 1965, 240 Jahre später, hat man trotz lautstarker Proteste der Bevölkerung diesen auch „Rauchfangkehrerkirche" genannten Barockbau als „Verkehrshindernis" beseitigt (der gravierende Verlust hat dann vorübergehend ein gewisses Umdenken der Behörden in ihrem Umgang mit der historischen Bausubstanz bewirkt). Die verhältnismäßig kleine Bildsäule aber konnte an einen sicheren Platz vor dem 1961–1963 (noch vor dem Abbruch der alten Florianikirche) errichteten Kirchenneubau übersiedelt werden. Dank seiner Mobilität bleibt die Botschaft des Bildstocks – eine Inschrift auf einem Denkmal ist ja eine Art Flaschenpost in die Zukunft – nach wie vor erhalten. Die sichtlich geliebte „Ehfrau Anna" des Eisenhändlers Jacob Gerhard ist hier nach wie vor präsent. Die große Kirche allerdings bleibt für immer verloren.

Kultursturz

Ein großer Platz mit altem Baumbestand, umsäumt von repräsentativen Zinshausbauten des Späthistorismus und des Jugendstils; inmitten der Freifläche zwei riesige Betontürme und, kaum wahrzunehmen, ein kleiner, mit zarten Chinoiserie-Reliefs geschmückter achteckiger Gartenpavillon – eine wilde Mischung! Begonnen hat die Entwicklung dieses eigentümlichen Wiener Platzes mit dem Erwerb einer riesigen Liegenschaft von etwa 50.000 Quadratmetern durch Nikolaus Esterházy, der hier ab 1785 ein Schlösschen errichten und vor allem einen großflächigen englischen Landschaftsgarten anlegen ließ. Er verkaufte die Liegenschaft schon 1810 an Erzherzog Karl, den Sieger von Aspern, der den großen privaten Park für die Bürger öffnete. Im Jahr 1900 gelangte schließlich die Gemeinde Wien in den Besitz der Liegenschaft und konnte der Versuchung nicht widerstehen, sie zu Geld zu machen. Noch in den Jahren vor dem Ersten Weltkrieg entstand hier ein neues, nobles Wohnviertel, dessen attraktives Zentrum, als letzter Rest des alten Parks, der heutige Dannebergplatz bildete. Als man im Zweiten Weltkrieg nach geeigneten Standorten für den

Bau von Flaktürmen suchte, bot sich dafür der immer noch große Platz an. Ab 1943 wurden die enorm hohen, in ihren Proportionen aber gedrungen wirkenden Türme mit ihren steil aufragenden Betonmauern in den alten Baumbestand hineingeklotzt.

Heute steht der Pavillon mit seinen auf die aristokratisch-verfeinerte Lebenswelt des späten 18. Jahrhunderts verweisenden Reliefs nicht mehr in einem gepflegten englischen Garten, sondern im Schatten der gigantischen Überreste des Weltkriegs. Das Wort „Kultursturz" ließe sich kaum besser illustrieren als mit diesem Bild.

Die Kunst der Fuge

Ein eigentümlicher Anblick: eine Fuge, die wie ein Riss das Haus in zwei Teile spaltet – in einen dunkleren, anscheinend schon seit längerer Zeit nicht mehr gestrichenen und einen helleren, vor jüngerer Zeit gefärbelten. Der Clou besteht darin, dass es sich nicht um ein Haus, sondern um zwei Häuser handelt. Und diese haben eben auch unterschiedliche Eigentümer, die ihre Gemäuer zu unterschiedlichen Zeiten haben streichen lassen. Aber warum hat man sich darum bemüht, die beiden Häuser wie eines aussehen zu lassen? Man hat die Fuge ja geradezu versteckt, um die Zäsur zwischen den Häusern möglichst verschwinden zu lassen? Der Grund liegt im Repräsentationsbedürfnis des Wiener Bürgertums. Man wollte nicht in einem normalen Miethaus wohnen, das Haus sollte wie ein monumentaler Palast aussehen, und ein Palast mit zehn Fensterachsen macht mehr her als einer mit fünf. Dieser Kunstgriff, die Häuser durch Zusammenlegung mehrerer Einheiten größer erscheinen zu lassen, als sie tatsächlich sind, hat in Wien eine längere Tradition, er wurde dann beim Bau der Ringstraße weiter perfektioniert.

Die Ringstraße entstand an der Stelle des früheren Glacis, einer aus militärischen Gründen unverbauten Zone rings um die Innenstadt. Dieses Glacis gehörte dem Staat (dem „Ärar"), der einen großen Teil der Fläche parzellieren und verkaufen ließ. Mit dem Erlös finanzierte man die großen öffentlichen Vorhaben wie Museen, Theater, Kasernen. Diesen Prachtbauten wollten die privaten Bauherren optisch Paroli bieten, und so ließ als Erster der durch Ziegelproduktion reich gewordene Heinrich Drasche von Architekt Hansen gegenüber der Oper einen Wohnblock, den „Heinrichshof", errichten. Dieser bestand aus drei selbstständigen, voneinander unabhängig organisierten Doppelzinshäusern, die aber gemeinsam eine grandiose architektonische Einheit bildeten.

Das Beispiel sollte Schule machen. Viele Architekten bauten damals auf eigene Kosten derartige Zinshäuser, die sie als ästhetische Einheiten konzipierten, dann aber getrennt verkauften. Beim genauen Hinsehen kann man hie und da die durch diverse Kunstgriffe hinter der Fassade versteckten Zwischenmauern erahnen. Der Gunst der Fuge verdankt die Ringstraße viel von ihrer Erscheinung als Prachtboulevard.

Die Farben der Stadt

Was die Straßenbenennungen und die Hausnummerierungen betrifft, ist Wien eine benutzerfreundliche Stadt. Jeder Straßenname wurde nur einmal vergeben, wobei die Nummern in den vom Zentrum an die Peripherie führenden Radialstraßen von innen nach außen ansteigen und für die linke Zeile ungerade, für die rechte gerade Nummern vergeben wurden. Bei den dazu rechtwinkelig verlaufenden „Tangentialstraßen" erfolgte die Nummerierung im Uhrzeigersinn um den Stadtmittelpunkt, wobei die stadtinnere Zeile mit den geraden Nummern versehen war.

Aber woher soll man wissen, in welcher Straße man sich gerade befindet? „Damit der Fremde sich auch ohne Plan leicht zurechtfinde", hatte man sich in der Gründerzeit zusätzliche Orientierungshilfen ausgedacht. In der Inneren Stadt waren alle Schilder rechteckig, in den Bezirken zwei bis neun unterschied man zwischen den Radialstraßen, wo Straßenschilder und Hausnummerntafeln rechteckig, und den tangential verlaufenden Straßen, wo diese Schilder durchgehend oval geformt zu sein hatten. Zusätzlich war der Bezirk an der Farbe des Tafel-

randes erkennbar. Rote Ränder hatten die Tafeln der Inneren Stadt und der Bezirke außerhalb des Gürtels; die Leopoldstadt hatte violette Schilder, die Landstraße grüne, die Wieden rosarote, Margareten schwarze, Mariahilf gelbe, Neubau blaue, Josefstadt graue, Alsergrund braune. Dieses System wurde später aufgegeben, die Schilder sind nun meist dunkelblau mit weißer Schrift, einzelne der alten in Fraktur beschrifteten Straßenschilder existieren zwar noch (einige wurden aus Kunststoff nachgegossen), doch sind Hausnummern mit farbig umrandeten Schildern extrem selten geworden. Kleine Anregung für rastlose Stadtspaziergänger: Begeben Sie sich auf die Suche!

Die Mitte der Stadt

Wo ist die Mitte der Stadt? Die meisten würden wohl antworten: Die Mitte, das ist der Stephansplatz. So eindeutig ist das aber gar nicht, vielleicht gibt es in einer komplexen modernen Großstadt mit ihren U-Bahn-Knoten, Einkaufsstraßen und Fußgängerzonen mehrere Zentren, touristische Zentren und Zentren für Stadtbewohner, geografische Zentren und gefühlte Zentren. Für das gründerzeitliche Wien, aber auch noch für das Wien der Zwischenkriegszeit, war die sogenannte Sirk-Ecke das gesellschaftliche Zentrum Wiens. Namensgebend war ein nobles Lederwarengeschäft an der Ecke Kärntner Straße/Opernring, das einem August Sirk gehörte. Die Sirk-Ecke ist einer der Auftrittsorte für die blöden bornierten Feschaks in Karl Kraus' „Die letzten Tage der Menschheit". Hier traf man sich zum Rendezvous, hier befand sich der Ausgangspunkt für den Korso, jene Flaniermeile zwischen Oper und Schwarzenbergplatz, auf der sich jeden Abend der zu zeigen hatte, der in der Stadt jemand war oder jemand sein wollte.

Die Opernkreuzung entwickelte sich aber auch zu einem Mittelpunkt des Verkehrs, in einer Zeit, in der

Verkehr noch als ein konstitutives Element für Urbanität wahrgenommen wurde. Die Opernkreuzung war gewissermaßen der Ort mit der größten Reibungswärme, vergleichbar mit dem Alexanderplatz in Berlin oder dem Piccadilly Circus in London – ein „Hotspot" eben. Der Stadtforscher Peter Payer hat in einer Untersuchung nachgewiesen, dass hier 1926 die erste Ampel Wiens installiert wurde und man hier im selben Jahr die ersten Zebrastreifen aufgetragen hat. Payer erinnert auch an jenen Polizisten, der an der Opernkreuzung in den 1950er- und 1960er-Jahren den Verkehr regelte. Das war keine anonyme Figur, sondern eine stadtbekannte Persönlichkeit, bei der die Autofahrer zu Weihnachten Geschenke ablegten. Der Polizist wurde schließlich legendär, als er eine bekannte Opernsängerin heiratete. Er hatte sie bei einem Verkehrsunfall kennengelernt. Wenn das kein Indiz dafür ist, wo damals das Herz der Musikstadt Wien lag …

Ländlicher Steuereintreiber

Der von Prinz Eugen vorgeschlagene und 1704 von den Wienern selbst errichtete Linienwall (alle Einwohner zwischen 18 und 60 Jahren hatte man zur Schanzarbeit verpflichtet) war primär zur Verteidigung bestimmt; seine Tore dienten aber auch der Kontrolle des Personen- und Warenverkehrs und eigneten sich damit auch zur Einhebung von Steuern. Nach dem Ende ihrer fortifikatorischen Bedeutung diente die „Linie" nur mehr diesem Zweck. An den Toren des Linienwalls standen die Linienämter. Hier hatte man für die in die Stadt importierten Waren Mauten und Steuern zu entrichten. Ab 1829 war dies die sogenannte „Verzehrsteuer", die vor allem für Lebensmittel eingehoben wurde. Diese Steuer hatte zur Folge, dass die „Linie" auch eine soziale Grenze bildete. Das Leben innerhalb der „Linie" war wegen der höheren Mietkosten, aber auch der stärker besteuerten Nahrungsmittel deutlich teurer. Der ärmere Teil der Bevölkerung wohnte daher vorwiegend in den außerhalb gelegenen Vororten. Als dann 1890/92 diese Vororte eingemeindet wurden, wollte der Fiskus nicht auf die Einnahmen verzichten. Deshalb hatte man folgerichtig an den neuen

Stadtgrenzen auch neue Linienämter errichtet. Dem Stil der Zeit, aber auch der vorgerückten Position (fast) außerhalb der Stadt entsprechend, waren diese Neubauten villenartig, teils mit Fachwerk, asymmetrischen Fassaden und hohen Dächern gestaltet. Trotz dieser harmlosen ländlichen Verkleidung sind die Linienämter aufgrund ihrer Lage an der Stadtgrenze, aber vor allem wegen ihrer Proportionen doch leicht als „ärarische" Bauten zu identifizieren.

Die Besonderheit des Linienamtes in der Linzer Straße besteht darin, dass gegenüber, an der anderen Straßenseite, auch eine neue Linienkapelle errichtet wurde. Es ist dies eine Erinnerung an die alten Linienämter, die alle über eine eigene Kapelle verfügt hatten. Sie war immer dem Heiligen Johannes Nepomuk geweiht, zu dem die Steuereintreiber anscheinend eine Nahebeziehung pflegten.

Manege statt Menage

1850 ließ der 20-jährige Kaiser Franz Joseph den gegenüber der Hofburg (damals noch am äußeren Rand des Glacis) gelegenen Hofmarstall ausbauen. Die riesige Anlage, die Platz für an die 400 Pferde bieten sollte, wurde 1854, im Jahr seiner Hochzeit mit der pferdebegeisterten Elisabeth, fertig. Im Lauf der Jahre entwickelte „Sisi" eine fast krankhafte Reitleidenschaft. Sie versammelte die besten Reiter ihrer Zeit um sich und nahm in England an den gefährlichsten Parforcejagden teil. Besonders fasziniert war sie von der Welt der Zirkusreiterei. In ihrem ungarischen Schloss Gödöllő, aber auch in einem hinteren Hof der kaiserlichen Stallungen wurden Manegen – runde beziehungsweise achteckige Bauten – errichtet, damit unter Zirkusbedingungen auf kleinstem Raum geübt werden konnte. Zirkuspferde wurden angeschafft, Elisabeth lernte, durch Reifen zu springen, und der berühmte Hengst „Avolo" ließ sich mit Sisi im Sattel auf beide Knie nieder. Die Kaiserin engagierte Zirkusprinzessinnen wie Elise, die Tochter des Begründers des Zirkus Renz, oder die Kunstreiterin Emilie Loiset. Aus den Trainerinnen wurden bald enge Vertraute. Die Pferde-

und Zirkusmanie (und der parallele Rückzug aus dem Hof- und Eheleben) gehen schließlich so weit, dass die Wiener anlässlich der kaiserlichen Silberhochzeit im Jahr 1879 gespottet haben sollen, anderswo feiere man Menage (Haushalt), in Wien aber Manege. Aus den Hofstallungen ist das heutige MuseumsQuartier hervorgegangen. Die einstige Manege, ein hinter dem westlichen „Staatsratshof" gelegener kleiner Backsteinbau, dient heute als Bibliothek des Architekturzentrums Wien. Es riecht nach Papier und Staub und längst nicht mehr nach Sägemehl und Pferdemist.

Eiserne Zeit

2014 gedenkt man des Beginns des Ersten Weltkriegs, der über 70 Millionen Menschen das Leben gekostet hat. Am Anfang stand das österreichische Ultimatum an Serbien vom 23. Juli 1914. Obwohl er also in Wien seinen Ausgang genommen hat, gibt es in dieser Stadt fast keine Gedenkorte für den großen Krieg. Für den Fall seiner siegreichen Beendigung wäre freilich einiges geplant gewesen: eine gigantische Terrassenanlage auf dem Leopoldsberg etwa mit einer Völker- und Ruhmeshalle für die gefallenen Helden (1915, Friedrich Ohmann), ein riesiges Sühnedenkmal an der Stelle des heutigen MuseumsQuartiers (1918, Rudolf Perco) oder eine Friedenskirche auf der Schmelz (1917/18, Otto Wagner). Niederlage und Not der Nachkriegszeit haben die Errichtung monumentaler Gedächtnisstätten verhindert. Abgesehen von Denkmalen in Friedhöfen und Kirchen erinnern heute im öffentlichen Raum nur einige Skurrilitäten an diese Urkatastrophe des 20. Jahrhunderts: der „Wehrmann im Eisen" beispielsweise im 1. Bezirk in den Arkaden des Hauses 1, Felderstraße 6–8, Relikt einer Geldbeschaffungsaktion für den Witwen- und Waisenfond

(gegen Bezahlung einer gewissen Summe hatte man einen Nagel in die hölzerne Ritterfigur schlagen dürfen) oder das Wirtshaus „Zur Eisernen Zeit" am Naschmarkt. Der westliche Teil des Naschmarkts war nach Fertigstellung der Wienflusseinwölbung 1915/16 entstanden. Das Marktwirtshaus wurde dem trotzig-grimmigen Zeitgeist gemäß nach der gegenwärtigen harten „Eisernen Zeit" benannt, die auf das goldene Zeitalter des Friedens gefolgt war. Heute sind die goldenen Zeiten zurückgekehrt, man serviert hier echte Wiener Hausmannskost, als besondere Spezialität gilt das Gulasch.

Von des Heiligen Römischen Reiches größtem Wirtshaus

In der hauptsächlich aus vier- bis fünfgeschoßigen Gründerzeithäusern bestehenden stadtäußeren Zeile des Lerchenfelder Gürtels steht unvermittelt ein kleines zweistöckiges spätbarockes Haus; an der Ecke das Hauszeichen und ein Schild „Zum Goldenen Pelikan". Ein Wirtshaus also; tritt man ein, stellt man fest, dass es hier sogar einen baumbestandenen Gastgarten gibt, ein kleines grünes Paradies unmittelbar an der Verkehrshölle. Warum aber kann hier überhaupt ein spätbarockes Haus stehen, wo der Gürtel doch erst um 1900 angelegt worden ist? Der „Goldene Pelikan" markiert die stadtseitige Ecke der Vorortgemeinde Neulerchenfeld, die im Unterschied zu den sonstigen Vororten, die meist auf alte Dörfer zurückgingen, planmäßig angelegt worden ist, und zwar schon um 1700. Also etwa gleichzeitig mit dem Linienwall (siehe Seite 77 ff.) und fast unmittelbar an diesen anschließend. Damit hatte Neulerchenfeld gegenüber den übrigen, noch weiter außerhalb gelegenen Vororten einen gewissen Standortvorteil. In massenverkehrsmittellosen Zeiten gab es wie bereits erwähnt eine klare soziale

Gliederung. Wer es sich leisten konnte, lebte teuer im Zentrum, in den Vorstädten waren die Mieten bereits günstiger, draußen, jenseits des Gürtels, wo man lange Fußwege „in die Stadt" in Kauf nehmen musste, wohnten die „Minderbemittelten". Diese hatten zusätzlich den Vorteil, hier keine Verzehrsteuer entrichten zu müssen. Diese steuerliche Begünstigung kam auch der Gastronomie des relativ stadtnah gelegenen Neulerchenfeld zugute, die sich hier prächtig entwickelte. Es entstanden so viele Gasthäuser, Weinschenken und Vergnügungsetablissements, dass man von Neulerchenfeld scherzhaft als des „Heiligen Römischen Reiches größtem Wirtshaus" sprach. Letztlich ist auch der „Thumser draußt in Neulerchenfeld" in Bronners „G'schupftem Ferdl" noch ein später Nachfahre dieser lokalen Vergnügungsindustrie.

Die Kapelle mit mehreren Leben

Dass die Nikolaikapelle heute auf eine über 800-jährige Geschichte zurückblicken kann, verdankt sie einer Reihe von seltsamen Zufällen. Wie aus den Bauformen, etwa den romanischen Würfelkapitellen in ihrem Inneren, zu schließen ist, wurde die kleine Saalkirche mit der vorgezogenen Halbkreisapsis im späteren 12. Jahrhundert errichtet. Sie stand damals nicht einsam im Lainzer Tiergarten, sondern war zunächst religiöses Zentrum der kleinen Ortschaft Oberhacking, die 1529 von den Türken zerstört wurde. Das Dorf wurde nicht wieder aufgebaut und ist heute gänzlich verschwunden, seine Reste könnten vermutlich durch archäologische Grabungen zutage gefördert werden. Die Kirche hat als einziges Bauwerk überlebt, man setzte sie wieder instand und verwendete sie bis in die Barockzeit. 1787, unter Josef II., verlor sie jedoch ihren Status als Sakralbau, entweiht sollte sie auf Abbruch verkauft werden. In der Gestalt der Fürstin Leopoldine von Liechtenstein, damals Eigentümerin des benachbarten Schlosses (heute Miller-von-Aichholz-Schlössel, auch „Europahaus Wien"), fand sich allerdings eine Retterin, die die Kirche bewahren wollte,

89

da diese nach dem Bericht eines Zeitgenossen „einsiedlerisch malerisch auf einem Wiesenhügel … so da steht, als wenn sie eigens zum Gesichtspunkt für den Park der Fürstin wäre gebaut worden". Das Erhaltungsinteresse der Fürstin ging allerdings nicht so weit, die Kirche auch reparieren zu lassen. Im Gegenteil, als „Gartenarchitektur" wirkte sie umso pittoresker, je ruinöser sie wurde.

Als sie bereits ohne Dach dastand und gänzlich einzustürzen drohte, trat der nächste Retter auf den Plan. Erzherzog Ludwig, der jüngste Bruder von Kaiser Franz I., ließ die Kapelle als „k.k. Hofjagdkapelle" wiederherstellen und dem Jagdheiligen Eustachius weihen. Bis heute wird hier jährlich an einem Abend um den 20. September, dem Tag des Kirchenpatrons, eine musikalisch begleitete Feldmesse abgehalten.

Von der Donau zur Oder
oder auch nicht

Im Lobauer Ölhafen, etwa auf Höhe der Schleusenanlage des Entlastungsgerinnes – genauer bei Stromkilometer 1916,4 –, ist die Einmündung des Kanals deutlich zu sehen. Allerdings waren von den vorgesehenen 320 Kilometern von hier bis nach Cosel (Koźle, Oberschlesien) nur 4,2 Kilometer gebaut worden, als man den 1939 begonnenen Bau 1941 auch schon wieder einstellte. Das vom Hafenbecken durch einen Damm getrennte erste Teilstück des Kanals (DOK I) ist heute ein idyllischer, von Auwald umgebener Teich, ein Paradies für Schwimmer, Angler und Gelsen.

Der Traum wurde angeblich schon im Mittelalter geträumt: auf dem Schiffsweg Waren vom Schwarzen Meer donauaufwärts, dann über einen Verbindungskanal zur Oder und so zur Ostsee transportieren zu können. Dabei wäre „nur" die sogenannte Mährische Pforte, die mit einer Höhe von 125 Metern niedrigste Wasserscheide Zentraleuropas, zu überwinden gewesen. Konkretere Pläne für die Realisierung dieser Verbindung der Meere quer durch Europa gab es seit dem 18. Jahrhundert. In der Gründerzeit wurden mehrfach Konzessionen an Banken und Firmenkonsortien vergeben; 1903 hat die österreichische Regierung sogar schon einen Wettbewerb für ein Schiffshebewerk in Prerau (Přerov, Mähren) ausgeschrieben, an dem sich 204 Konkurrenten beteiligten. Im Dezember 1939 wurde der Bau dann vom NS-Regime in Angriff genommen, wobei man vor allem daran dachte, aus Rumänien stammendes Öl von hier aus weiter auf dem Wasserweg nach Norden transportieren zu können. Die ersten Schiffe sollten bereits 1942 Richtung Ostsee fahren …

Die Pläne für eine Verbindung Donau-Oder sind auch heute nicht vollends ad acta gelegt, als Teil des Konzepts der Transeuropäischen Verkehrsnetze werden sie von der EU befürwortet, doch stehen ihnen heute nicht nur die Kosten, sondern auch die Umweltschützer entgegen.

Die Gruam

Die „Gruam" ist nicht schwer zu finden, sie liegt an der Fultonstraße, unweit der weithin sichtbaren Donaufelder Pfarrkirche – ihr Turm ist der zweithöchste Wiens. Bei der „Gruam" handelt es sich um einen bei der multikulturellen Gesellschaft Floridsdorfs beliebten Kinderspielplatz. Eigentlich lautet die offizielle Bezeichnung der Anlage „Freiligrathpark", aber die verwendet hier kaum jemand. Ein wichtiges Asset der „Gruam" besteht in ihrer Grubenhaftigkeit. Das Terrain des Parks liegt etwa drei bis vier Meter unter dem Straßenniveau, was einige Vorteile bietet. Die Eltern haben einen guten Überblick über die Aktivitäten ihrer Sprösslinge, und die Kinder müssen beim Ballspielen keine Angst haben, dass der Ball auf die Straße gerät, er rollt von der hohen Böschung immer wieder zurück auf die baumbestandene Wiese. Man hat das Terrain allerdings nicht künstlich abgesenkt, es hat sich so ergeben. Die Kinder spielen nämlich eigentlich im Flussbett der Donau – oder besser in einem ihrer vielen Nebenarme, die nach der großen Regulierung von 1873 verlandeten. Der bewusste Nebenarm, auf dessen Grund der Spielplatz angelegt ist und dessen Uferverlauf hier an

dem Geländesprung ablesbar ist, umfloss einst die kleine Insel des Mühlschüttels, wo einige Mühlen standen. Zwar sind ein Teil des ursprünglichen Hauptarms der Donau in der „Alten Donau" und Reste der Nebenarme in diversen Gewässern wie Kaiserwasser, Mühlwasser, Dechant- oder Panozzalacke erhalten, doch war die Wasserfläche früher um ein Vielfaches größer. Auf die riesige Flusslandschaft, die hier einst bestanden hat, verweisen noch vereinzelt Geländesprünge wie unsere „Gruam", vor allem aber Straßen- und Flurnamen wie Kaisermühlen, Wildbadgasse, Überfuhrstraße, Rehlackenweg …

Christus tröstet im Gastgarten

Fährt man die endlose Simmeringer Hauptstraße hinaus zum Zentralfriedhof, kann man sich Gedanken darüber machen, wie lange wohl ein Leichenzug aus der Inneren Stadt in vormotorisierten Zeiten hierhin unterwegs gewesen sein muss. Erreichte man schließlich noch vor dem Haupteingang das sogenannte „Erste Tor", tauchte zur Linken eine kolossale Steinfigur auf, die einen auferstandenen, tröstenden Christus (Christus Consolator) darstellt. Die Figur steht heute im Gastgarten eines „Schloss Concordia" genannten Restaurants. Dieser aus der Zeit der vorletzten Jahrhundertwende stammende, landhausartige Fachwerkbau wurde allerdings nicht als gastronomisches Etablissement errichtet, sondern als Kontor und Schauraum der einst berühmten Steinmetzfirma „Sommer und Weniger". Das 1882 gegründete Unternehmen war in der Monarchie auf dem Gebiet der Herstellung von „Gruft- und Grabmonumenten" führend, besaß im Böhmerwald eigene Steinbrüche und konnte seinerzeit bemerkenswerte Produktionszahlen präsentieren. 1898 sollen die über 100 Beschäftigten nicht weniger als 20.000 Grabsteine und -denkmäler hergestellt haben. Die riesige Christusfigur, die ursprünglich von kleineren Mustern von Grabdenkmälern umgeben war, entstand nach dem Vorbild einer um 1900 ungeheuer populären Skulptur, die der dänische Bildhauer Bertel Thorvaldsen 1821 für die Apsis der Kopenhagener Frauenkirche geschaffen hatte. Die Statue an der Simmeringer Hauptstraße diente ursprünglich Werbezwecken, sie sollte die Fähigkeit der Firma „Sommer und Weniger" bezeugen, auch Aufträge für großdimensionierte Skulpturen übernehmen zu können. In dem in der Hauptsache von Friedhofsbesuchern frequentierten Gastgarten scheint die Figur des tröstenden Christus heute eine adäquatere Bestimmung gefunden zu haben.

Bäuerliches Elektrohaus

Fährt man den Geleisen der Straßenbahnlinie 60 folgend auf der breiten Lainzer Straße stadtauswärts – sie ist überwiegend geschlossen mit Wohnhausbauten des 19. und 20. Jahrhunderts verbaut – und nähert man sich der platzartigen Erweiterung, an der seit 1968 die „Konzilsgedächtniskirche" steht, springt plötzlich aus der rechten Zeile ein kleines Haus heraus, ja, fast hat man den Eindruck, man müsste bremsen, denn es springt beinahe über die Straße. In dem nicht besonders aufregenden Straßenbild wirkt es als extremer Fremdkörper, der nicht nur auf eine andere Zeit, sondern auf eine andere Welt verweist. Es ist ein Rest des alten Ortskerns von Lainz, eines verschlafenen, einst vom Lainzer Bach durchflossenen Straßendorfs im Westen von Wien, das überwiegend vom Ackerbau lebte.

Das aus zwei Bauteilen bestehende Haus steht nicht wie die neueren Wohnhäuser parallel zum Straßenverlauf, sondern normal zu ihm, in der Fachsprache würde man sagen, es handelt sich um den Typus eines giebelständig angeordneten Streckhofs – derartige Bauten bestanden nicht nur in Orten wie Lainz, sondern in unzähligen

Bauerndörfern in Mitteleuropa. Die Überreste der bäuerlichen Vergangenheit mussten aber doch den neuen Zeiten Tribut zollen. Hier wird längst nicht mehr Landwirtschaft betrieben. Im Haus haben sich schon vor Jahrzehnten Handelsbetriebe eingenistet. Große Auslagenfenster wurden in die Mauern gebrochen, „Elektro" steht in Neonschrift auf der braun verfliesten Fassade des linken Hausteils mit seinem abgewalmten Giebel. Das Haus wurde also – wieder in der Fachsprache – „urbanisiert". Das bedeutet einen gewissen Verfremdungseffekt für das alte Haus, andererseits mildert es etwas den Schock, plötzlich für einen noch unter uns wandelnden „Untoten" aus einer fernen Vergangenheit bremsen zu müssen.

Ein Abstieg:
Vom Zentrum in die Vorstadt

Vor dem Haus des Meeres – vier an dieser Stelle verloren wirkende barocke Steinfiguren. Was machen sie da eigentlich, woher sind sie gekommen?

Das untere Foto zeigt das Haus am Stephansplatz im Jahre 1895. Zwar dürften die Geschäfte im Erdgeschoß noch in Betrieb sein, die Fenster darüber sind aber verschalt und werden für Werbezwecke verwendet: „Wegen Demolierung wird das ganze Möbellager staunend billigst verkauft", ist da zu lesen. Das wegen seiner architektonischen Schönheit berühmte Haus, das auf eine lange Geschichte zurückblickt, ist am Ende seiner Lebenszeit angelangt. Es gehörte einst der Familie des bedeutenden Humanisten Cuspinian, wurde im frühen 18. Jahrhundert von Donato Felice d'Allio umgebaut und gelangte schließlich in der zweiten Hälfte des 19. Jahrhunderts in den Besitz eines stadtbekannten Originals: Graf Leopold Lažansky war Schauspieler und Theaterdirektor, Großgrundbesitzer und Reichsratsabgeordneter. Er verkaufte das Haus an die Stadt Wien, die es versteigern ließ; 1896 erfolgte die Demolierung. Noch vorher allerdings durfte die steinerne Besatzung das sinkende Schiff verlassen. Zwei Engel übersiedelten samt dem Wappen, das sie lange gehalten hatten, in das Museum der Stadt Wien, die vier Attikafiguren, zwei Damen und zwei Herren (wohl Allegorien des Ruhms, der Stärke, der Weisheit und der Schönheit), mussten, von ihrer stolzen Position über dem Stadtzentrum vertrieben, eine neue Stelle in der Vorstadt annehmen. Zu ebener Erde sollten sie fortan als Parkfiguren dem Fürsten Esterházy dienen, der im 6. Bezirk an der Gumpendorfer Straße ein Gartenpalais besaß. Das Schlösschen wurde abgebrochen, und zwischen 1942 und 1945 entstand ein riesiger Flakturm in dem ehemaligen Palaisgarten, wo die deplatzierten Figuren heute ein Dasein zwischen Apollokino und Luftschutzbunker fristen. Eines mag sie trösten: Die vier sind wenigstens beisammen geblieben und haben ihr Schicksal geteilt.

Mittelalterliches Wiener Normbrot

Kindheitserinnerungen an einen Volksschulausflug in die Innenstadt: Im Rahmen der „Heimatkunde" erläutert die Lehrerin den Stephansdom samt Pummerin, Heidentürmen und Zahnwehherrgott. Sie zeigt uns auch die mittelalterlichen Längenmaße, jene an der Westwand links vom Riesentor angebrachten Eisenstangen, die einer Tuch- und einer Leinenelle entsprechen. Darüber befinden sich zwei konzentrische runde Marken, die sie uns als die Normmaße für einen Laib Brot und eine Semmel präsentiert (nicht ohne hinzuzufügen, dass die Strafe für die Nichteinhaltung der Mindestgröße im grausamen „Bäckerschupfen" bestanden hätte).

Diese Urban Legend von den an der Domfassade angebrachten Marken der Brotdimensionen kann sich erst im späteren 19. Jahrhundert entwickelt haben. Jedenfalls nach dem Zeitpunkt, an dem man die barocken außenaufschlagenden Eisengitter vor dem Riesentor entfernt hatte. Der äußere eingetiefte Kreis des „Normlaibs" war in Wirklichkeit im Lauf der Zeit durch den an einem Dorn befestigten drehbaren Haken verursacht worden, mit dem dieses Tor einst in geöffnetem Zustand fixiert

wurde. Die innere runde Marke der „Normsemmel" war entstanden, als man das Loch, das nach Entfernung des Dorns in der Steinoberfläche zurückblieb, durch eine Mörtelplombe geschlossen hatte. Die entsprechenden Spuren finden sich auch rechts vom Tor, dort sind sie allerdings weniger ausgeprägt und fanden daher keine Beachtung.

Pflastersteinklaubereien

Im noch immer dörflichen Salmannsdorf ist die Zeit ein wenig stehen geblieben, hier gibt es am alten Anger eine kleine Ortskapelle, efeuüberwachsene Häuser und Schindeldächer; hier gibt's auch noch das alte Straßenpflaster. Und da die Straße steil ansteigt, handelt es sich nicht um die normalen Granit-Würfelsteine, sondern um parallelopipedische Steine. Was sind denn das für Steine? Die normalen Pflastersteine waren regelmäßige, rechtwinkelig bearbeitete Würfel mit möglichst ebenen Flächen, die Kantenlänge betrug 18,4 beziehungsweise 15,8 Zentimeter. Die ab einer Steigung von 25 Promille eingesetzten parallelopipedischen Steine waren dagegen prismenförmig, 13,2 Zentimeter breit, 18,4 beziehungsweise sogar 23,7 Zentimeter lang und 18,4 Zentimeter hoch. Man hat sie quer zur Steigung verlegt und, damit die Pferdehufe beim Bergaufgehen besser Halt fanden, zusätzlich mit Rillen versehen. Das boomende Wien der Gründerzeit hatte einen enormen Verbrauch an den seit 1826 gebräuchlichen Granitsteinen, die damals häufig ausgewechselt werden mussten, da die Hufeisen eine starke Abnützung bewirkten. (Das Phänomen gibt es auch heute noch – wer sich als Fahrradfahrer über den fiakerbefahrenen Michaelerplatz bewegt, wird das bestätigen können.) Um nicht zu stark dem Markt ausgeliefert zu sein, hat die Stadt Wien ab 1873 eigene Steinbrüche erworben und sie in Eigenregie betrieben. Privatisierung und Ausgliederung galten damals noch als unökonomisch. Die Preise richteten sich nach dem Härtegrad, wobei der Steinbruch im bayrischen Vilshofen die beste Qualität aufwies. Da zu dieser Zeit von den städtischen Behörden alles exakt abgerechnet wurde, wissen wir über den Pflastersteinbedarf der Stadt Wien genau Bescheid. Im Jahr 1904 zum Beispiel verbrauchte man insgesamt 3.328.800 Steine, davon stammten 544.100 aus eigener Produktion.

Von den Anfängen des Fahrradfahrens

In der parallel zum Donaukanal am südlichen Rand des Praters verlaufenden Rustenschacherallee (die bis 1921 den vornehmeren Namen „Prinzenallee" führte) findet sich unter der Hausnummer 7 das Vereinshaus des Sportklubs Schwarz-Blau. In seiner auf das Jahr 1898 zurückgehenden architektonischen Gestaltung erinnert es stark an eine Stadtbahnstation. Das ist kein Zufall. Der Entwurf stammt von Architekt Joseph Maria Olbrich, der damals im Atelier Otto Wagners das Stadtbahnprojekt leitete, einige Tiefbahnstationen, wie etwa den Pavillon für den kaiserlichen Hof in Hietzing, entwarf und durch die intensive Beschäftigung mit dieser Bauaufgabe auf den Stationstypus fixiert gewesen sein muss. Auch Olbrichs berühmtester Wiener Bau, die zeitgleich errichtete und seinerzeit höchst umstrittene Secession, weist ja eine deutliche Verwandtschaft mit den Tiefbahnstationen der Stadtbahn auf.

An den Seitenwänden der eingezogenen Portalnische des Vereinshauses im Prater finden sich Bauinschriften, die auf die ursprüngliche Widmung des Pavillons ver-

weisen: Der Bau diente als „Clubhaus des Radfahrclubs der Staats- und Hofbeamten". In der gedeckten Halle und auf einer elliptischen offenen Bahn vor dem Gebäude konnten die Beamten Fahrradfahren üben, wobei man hier nicht so sehr an den übertragenen Sinn (nach unten treten, nach oben buckeln) denken sollte. Das Fahrradfahren, eben erst durch das um 1890 entwickelte „Niederrad" (englisch „safety bicycle") sicherer geworden, war um 1900 eine durchaus elitäre Sportart. Zu den Mitgliedern des Clubs zählten Persönlichkeiten wie Fürst Rudolf von und zu Liechtenstein (Oberhofmeister von Kaiser Franz Josef I.), Fürst Alfred von Montenuovo oder der Nobelpreisträger Julius Wagner-Jauregg. Das Clubhaus war im Jahr 1898 Avantgarde-Architektur einer eleganten Avantgarde-Sportart. Es erinnert an Zeiten, in denen in einschlägigen Clubzeitschriften Sätze wie diese geschrieben wurden: „Wir laden hiemit alle unsere Herren Fahrmeister ein, dem Vorstand ehestens bekannt zu geben, ob und wann sie geneigt sind, die Leitung von wieder regelmäßig stattfindenden Schulfahrübungen zu übernehmen. Wir bitten gleichzeitig alle unsere Mitglieder, Damen, Herren, Eleven und Elevinnen sich an diesen Fahrübungen eifrig zu betheiligen und die Liebenswürdigkeit zu haben, ihre Anmeldung im Secretariate zu veranlassen, damit die Zusammenstellung der einzelnen Schulfahrer-Gruppen vorgenommen werden kann." (Aus: Der Bicyclist, 1899.)

Die Russen kommen

Das Palais Pallavicini ist nicht nur Generationen von Schülerinnen und Schülern der hier domizilierten Tanzschule Elmayer ein Begriff. Das von Johann Ferdinand Hetzendorf von Hohenberg entworfene Gebäude gilt als Wiener Architektur-Ikone. Zur Zeit seiner Entstehung im späten 18. Jahrhundert war der für den Bankier und Wirtschaftstycoon Johann von Fries – damals einer der reichsten Männer der Monarchie – errichtete Bau Gegenstand eines handfesten Skandals. Das Haus galt als viel zu modern und musste im Nachhinein verändert werden: Gewünscht war eine traditionellere, repräsentativere Architektur. Die vier ursprünglich vor der Fassade platzierten grazilen Steinvasen wurden in den Vöslauer Schlosspark des Hausherren verbannt, an ihrer Stelle postierte man zwei mächtige Damenpaare (Karyatiden) zu Seiten des Portals.

Das Haus ist auch aus dem Film „Der dritte Mann" bekannt: Unmittelbar davor hat sich jener Unfall ereignet, dem Harry Lime angeblich zum Opfer gefallen ist. Würde man den Film ganz genau ansehen, wären an der linken Hausecke Schriftzeichen zu erkennen, die erst kürzlich bei einer Fassadenrestaurierung wiederentdeckt, freigelegt und restauriert wurden. Es handelt sich um eine mit Schablonen aufgebrachte Schrift in kyrillischen Buchstaben: „2/18, квартал проверен". Das bedeutet soviel wie „Häuserblock gesichert". Diese Zeichen wurden in den Tagen zwischen dem 6. und 13. April 1945 von den Wien erobernden Truppen der dritten ukrainischen Front angebracht, um nachrückenden Verbänden zu signalisieren, dass sich in den entsprechenden Objekten keine feindlichen Kräfte mehr befanden. Ähnliche Aufschriften gab es an vielen Wiener Gebäuden, erhalten sind sie beispielsweise auch noch an den Häusern in der Laudongasse 1 (1. Bezirk) oder der Uchatiusgasse 4 (3. Bezirk).

Wer hat den Neuen Markt bezahlt?

Wie viel wären 12,5 Tonnen Silber heute wert? Etwa sechs Millionen Euro. Was könnte man heute mit der Summe anfangen? Vielleicht drei, vier zentral gelegene Luxuswohnungen in Wien kaufen? Seinerzeit sind sich eine Stadtgründung, zwei Stadtbefestigungen und eine Stadterweiterung damit ausgegangen.

Der englische König Richard Löwenherz hatte es sich aufgrund seines verhaltenskreativen Benehmens und einer sehr aktiven Politik mit vielen Mächtigen seiner Zeit verscherzt. Als er sich inkognito auf der Heimreise vom Dritten Kreuzzug befand, hat man ihn am 21. Dezember 1192 in einem Wirtshaus im heutigen 3. Bezirk, Ecke Erdbergstraße/Schwalbengasse gefangen genommen. Er verhandelte zunächst mit dem hiesigen Herrscher Leopold V. und dann mit Kaiser Heinrich VI., an den er ausgeliefert wurde, um die Bedingungen für seine Freilassung. Er musste eine Reihe von Verpflichtungen eingehen; zunächst war eine Zahlung von 35 Tonnen Silber fällig, von denen Leopold mindestens 12,5 Tonnen erhalten sollte. Das Geld wurde in England dann tatsächlich auf- bzw. einge-

trieben, was das Land an den Rand des finanziellen Ruins brachte.

Zweifellos war Silber damals schwerer zu gewinnen und wesentlich teurer als heute, die zu zahlende Summe entsprach ungefähr zwei Jahreseinkünften der englischen Krone. Leopold V. verwendete das Geld zur Gründung von Wiener Neustadt, für die Befestigung der Städte Friedberg und Hainburg (wo diese Mauern teilweise immer noch vorhanden sind) und schließlich für eine großzügige Erweiterung und Neubefestigung Wiens: Er ließ den noch heute in seinem Namen bestehenden „Graben" zuschütten und südlich davon einen neuen Stadtteil mit einem großen zentralen Rechteckplatz, dem (damals) Neuen Markt, anlegen. Damit hatte Wien eine Ausdehnung erreicht, die es bis zur Mitte des 19. Jahrhunderts beibehalten sollte. Erst 1850 wurden die Vorstädte eingemeindet, ab 1858 hat man die Stadtmauern geschliffen und die Ringstraße errichtet.

Barockes Window-Shopping

Das Doppelgiebelhaus mit dem schönen Namen „Zum goldenen Hasel" steht unmittelbar neben der Pfarrkirche St. Leopold. Jener Kirche, die Kaiser Leopold I. nach der Vertreibung der Juden aus dem hiesigen Ghetto an der Stelle des Tempels errichten ließ. Seit damals heißt die Vorstadt Leopoldstadt. Der Keilstein des Rundbogenportals ist mit 1736 bezeichnet, das Haus könnte in seinem Kern aber älter sein und noch auf die Zeit des Ghettos zurückgehen. Es ist aber auch noch aus einem anderen Grund bemerkenswert. Hier hat sich ein typischer barocker Verkaufsladen, ein sogenanntes Gwölb erhalten. Dieser Ausdruck, der uns aus der Literatur überliefert ist (so soll etwa der Ladengehilfe Weinberl in Nestroys „Jux" eigentlich das Gwölb hüten, sucht aber das Abenteuer), bezieht sich auf die meist kleinen, tonnengewölbten Geschäftsräume. Den Zugang zum Gwölb bildete eine schmale einflügelige Tür, die gemeinsam mit dem anschließenden Fenster von einem Bogen mit Steingewände übergriffen wurde. Diese asymmetrische Öffnung konnte mit hölzernen bzw. eisenbeschlagenen Läden „dichtgemacht" werden. Für die Auslage der Ware blieb wenig Platz, eventuell wurde sie auf kleinen Tischen oder Gestellen vor dem Geschäft präsentiert. Wir befinden uns noch in einem Zeitalter des Mangels. Die einfachen Leute kauften das, was sie unbedingt benötigten, die industrielle Produktion hatte noch nicht eingesetzt, und die Konkurrenz unter den Detailhändlern war gering, es bestand eine gewisse Balance an Angebot und Nachfrage.

Das Haus „Zum goldenen Hasel" mit seinem originalen Kaufladen ist also eine Art Leitfossil, das uns in eine Zeit des vorkonsumeristischen Konsums führt.

Markierung einer Katastrophe

Das Haus darf sich stolz „einzige Wiener Beethoven-Gedenkstätte Transdanubiens" nennen. Der ehemalige Gutshof gehörte einst der ungarischen Magnatenfamilie Erdődy. Auf Einladung der musikbegeisterten Hausherrin Anna Maria Erdődy war Ludwig van Beethoven hier mehrmals zu Gast.

Am Haus befindet sich aber auch eine kleine Steintafel mit einer Hochwassermarke, die den Wasserstand vom 30. März 1830 dokumentiert. Die etwa in Kniehöhe angebrachte Marke scheint auf den ersten Blick auf kein besonders dramatisches Ereignis hinzuweisen, und doch war dieses Hochwasser eine der größten Naturkatastrophen, die die Stadt im 19. Jahrhundert getroffen hat: Nach einem extrem kalten Winter war die damals noch nicht regulierte Donau zugefroren. Plötzliches Tauwetter führte dann zu einem Eisstoß. Die aufbrechenden Eisschollen verkeilten sich, es kam zu einem Stau, der urplötzlich eine gewaltige Überschwemmung auslöste, die die Menschen im Schlaf überraschte. Es soll 74 Tote gegeben haben. Die schrecklichen Szenen sind uns auch durch zeitgenössi-

sche Illustrationen überliefert. In seiner Darstellung der „Jägerzeile" (der heutigen Praterstraße) hält Eduard Gurk topografisch genau das Ausmaß der Katastrophe fest. Als „Hofberichterstatter" zeigt der Kammermaler aber auch, wie sich Mitglieder des Kaiserhauses vor Ort begeben, um der betroffenen Bevölkerung beizustehen.

Oberliesinger Felsenkeller-Bräu

Wien war eigentlich eher eine Wein- als eine Bierstadt. Im 14. Jahrhundert hat die Lobby der Weingartenbesitzer darauf gedrängt, die uneingeschränkte Ausschank von Bier zu verbieten. In der Folge wurde das Brauen zum landesfürstlichen Monopol erklärt und als Lehen vergeben, das dann lange Zeit das Bürgerspital innehatte. Seit dem 16. Jahrhundert entstanden allerdings zahlreiche Brauhäuser außerhalb der Wiener Stadtgrenzen. Zu den größten und erfolgreichsten gehörten das Brauhaus Simmering, das, mit der Sankt Marxer Brauerei fusioniert, schließlich in der Schwechater Brauerei aufgegangen ist, die Ottakringer Brauerei der Familie Kuffner und die Liesinger Brauerei, deren Produktion allerdings 1973 eingestellt wurde. Ihr charakteristisches Logo, zwei Krügeln, deren Henkel ineinander verschränkt sind, ist seither aus der österreichischen Bierlandschaft verschwunden.

Am Beginn der Entwicklung stand ein in den kleinen nördlich der Schwechat verlaufenden Hügelrücken gegrabener Felsenkeller, in dem das für den untergärigen Brauvorgang benötigte Eis gelagert werden konnte. Das erste „Oberliesinger Felsenkeller-Bräu" hat man 1839 ausgeschenkt. Begünstigt durch den Anschluss an die Südbahn, entwickelte sich ab der Mitte des 19. Jahrhunderts eine riesige Industrieanlage, die um 1900 etwa 400.000 Hektoliter Bier pro Jahr erzeugte. Die Qualität soll außerordentlich gewesen sein. Von dem Unternehmer Johann Georg Held hieß es, er habe das Liesinger Bier auf einen Höhepunkt gebracht, „daß dasselbe seiner Güte wegen sprichwörtlich geworden" ist (Wurzbach). Das einst zehn Hektar große Firmengelände ist heute mit Wohnhausanlagen und der Shoppingmall „Riverside" überbaut. Als immer noch ansehnlicher Rest blieb die äußere Hülle des 1898 von den Theaterarchitekten Ferdinand Fellner und Hermann Helmer errichteten Restaurantgebäudes. Der als Eisenkonstruktion errichtete Obergeschoßsaal mit seinen Riesendimensionen existiert nicht mehr, im Erdgeschoß hat sich ein Reifenhandel eingenistet. Hier wird nicht mehr Bier in Bäuche, sondern nur mehr Luft in Schläuche gefüllt.

Exklusiver Jockey-Club

Der seit 2009 „Helmut-Zilk-Platz" genannte Ort ist kein
Platz, der sich aus städtebaulichen Überlegungen ergab,
sondern durch den Verlust des sogenannten Philipp-
hofes. Der mächtige neobarocke Bau mit seiner markanten, zur Oper orientierten Eckkuppel wurde im März
1945 von Bomben getroffen. Hunderte Menschen, die in
seinen Kellern Schutz gesucht hatten, starben qualvoll.
Hier wurde nicht mehr gebaut, der Platz blieb leer, bis
Alfred Hrdlicka da sein Denkmal gegen Gewalt und
Faschismus errichtete. Dieses Denkmal ist in gewisser
Weise auch den Opfern des Bombenkriegs gewidmet –
das erschließt sich allerdings nur aus der Lektüre diverser
Beschreibungen, kaum jedoch durch die Betrachtung
des Denkmals selbst. In seinem Zentrum steht die Skulptur des straßenwaschenden Juden, der an die Ereignisse
vom März 1938 erinnern soll.

An diesem Helmut-Zilk-Platz gibt es auch noch eine andere Spur, die diskret auf den verschwundenen Philipphof
verweist. An der östlichen Platzseite, die noch immer
eine Straßenbezeichnung führt – weil hier eben kein Platz
war, sondern zwischen Häusern eine Straße verlief –,

findet sich unter der Adresse Tegetthoffstraße 7 ein kleines, feines Herrenmodegeschäft, das „Zum Jockey-Club" heißt. Das 1913 gegründete Geschäft, das noch heute das alte Ladenportal und seine historische Ausstattung aufweist, benannte sich nach einem der vornehmsten Herrenclubs Wiens. Der 1867 mit dem Ziel der Organisation des Pferderennsports gegründete Jockey-Club hatte seinen Sitz im Philipphof. Und er war dort nicht zufällig eingemietet: Der Architekt Carl König hatte bereits bei der Planung zu berücksichtigen, dass die repräsentativsten Räume des Hauses für diesen Verein bestimmt waren. Der Jockey-Club sollte die ganze Beletage und einen Teil des Mezzanins nutzen, wobei seine Exklusivität durch ein eigenes, nur diese Räume erschließendes Stiegenhaus zu gewährleisten war. Für die Eingeweihten, zu denen nun auch der Leser und die Leserin zählen, erinnert das kleine Ladengeschäft also nicht nur an das verlorene Bauwerk, sondern auch an die Gesellschaft, die einst darin verkehrte.

Seelenconscription

Am Barockhaus an der Rechten Wienzeile findet sich im steinernen Gewände des Portals eingelassen eine runde Tafel mit der Zahl 463, die sichtlich nichts mit der heutigen Adresse zu tun hat. Tatsächlich ist die Nummerierung der Häuser nach ihrer Lage in einer Straßenzeile eine relativ junge Errungenschaft. Vorher, in Zeiten, in denen der größte Teil der Bevölkerung werden lesen noch schreiben konnte, hatten die Häuser als Identifikationsmerkmale Namen und trugen dementsprechende Bilder. Dabei sind durchaus originelle Sprach- und Bildschöpfungen überliefert. Neben Bezeichnungen wie „Zur schönen Sklavin", „Zum alten Blumenstöckl" oder „Zur Stelzen" gab es auch Häusernamen wie „Wo die Kuh am Brett spielt" oder „Zur Unmöglichkeit". Unser Haus an der Wienzeile hieß ursprünglich „Zum roten Adler", sein altes Hauszeichen ist leider nicht mehr vorhanden.

Die schrittweise Systematisierung der staatlichen Verwaltung führte zu einer Verfeinerung des Instrumentariums zur Erfassung der Staatsbürger und ihres Eigentums. So wurden unter Kaiser Josef II. erste Maßnahmen zur steuerlichen Erhebung und Vermessung der Liegenschaften getroffen und ab 1770 primär aus militärischen Gründen (man wollte über die Anzahl der rekrutierungsfähigen jungen Männer Bescheid wissen) eine „Seelenconscription", also eine Volkszählung, vorgenommen. Bei dieser Gelegenheit hat man in den einzelnen Gemeinden die Häuser mit fortlaufenden Zahlen versehen, die in „teutschen", also arabischen Ziffern innen und außen an den Häusern anzubringen waren. Die rege Bautätigkeit in den Vorstädten brachte es mit sich, dass diese Zählungen beziehungsweise Nummerierungen von Zeit zu Zeit neu durchgeführt werden mussten. Zwischen 1770 und 1860 hat man in den Vorstädten bis zu fünfmal gezählt und daher ein und demselben Haus fünf unterschiedliche Nummern zugewiesen. Um die Verwirrung in Grenzen zu halten, wurden „Konkordanzbücher" herausgegeben, in denen die Nummern der Häuser in der chronologischen Reihenfolge ihrer Vergabe festgehalten waren. Erst ab 1862 hat die noch heute gültige Systematik der Orientierungsnummern die alten Conscriptionsnummern abgelöst.

Vom Flug-hafen zur See-stadt

Den See gibt es schon, die dazugehörige Stadt wird gerade aus dem Boden gestampft. Die einschlägigen Prospekte versprechen grünes, urbanes Leben und Arbeiten in diesem neuen Viertel, das am südöstlichen Stadtrand Wiens, nahe dem namensgebenden Ortszentrum von Aspern, errichtet wird.

Der Name dieses ehemaligen Marchfeld-Dorfes ist im kollektiven Gedächtnis des Landes mit jener Schlacht verbunden, in der im Mai 1809 ein kurzfristiger Sieg über Napoleon Bonaparte erzielt werden konnte. Dass sich hier bei Aspern, genau an der Stelle, an der sich bald die „Seestadt" erheben wird, der wichtigste Flughafen Wiens befand, wird wohl schon bald vergessen sein, ebenso wie die Tatsache, dass hier Technikgeschichte geschrieben wurde. Österreich war zu Beginn des 20. Jahrhunderts die nach Frankreich führende Luftfahrtnation. Beim ersten internationalen Flugmeeting, das anlässlich der Eröffnung des Flugfeldes in der letzten Juniwoche des Jahres 1912 stattfand, wurden einige Weltrekorde (Höhenweltrekord von 4.300 Metern, Distanzflugrekord von 202 Kilometern) aufgestellt.

Beim zweiten Flugmeeting 1913 stattete Graf Zeppelin mit seinem Luftschiff „Sachsen" Aspern einen Besuch ab. Das dritte Flugmeeting wurde dann vom 21. bis 29. Juni 1914 veranstaltet, in jener Woche, in der die Schüsse von Sarajevo fielen, die den Beginn des Ersten Weltkriegs bedeuteten. Sein Ausgang sollte noch lange ungewiss bleiben. Es war April 1918, als hier in Aspern die erste Flugpostlinie der Welt (Wien–Krakau–Lemberg–Proskurow–Kiew) eingerichtet wurde. Es war ihr kein langes Leben beschieden, man hat sie mit Kriegsende im November 1918 wieder eingestellt. Aber auch noch in der Zwischenkriegszeit blieb Aspern der wichtigste Flughafen Österreichs, im Jahr 1930 wurde er von zehn Gesellschaften angeflogen. Als 1955 schließlich die Entscheidung fiel, ein seit 1938 bestehendes und nach 1945 von der britischen Besatzungsmacht genütztes Flugfeld bei Schwechat zum „Flughafen Wien" auszubauen, wurde Aspern zunächst noch vom österreichischen Aero-Club weiterbetrieben. Das endgültige Aus kam erst 1977, als der Flughafen mit einer Großveranstaltung geschlossen wurde. Von der großen Tradition bleibt (zunächst) nichts als einige Abschnitte des Rollfeldes, die rasch von der steppenartigen Vegetation überwuchert werden. Aber wer weiß, vielleicht entschließen sich die Seestadt-Verantwortlichen, hier ein würdiges Zeichen zu setzen, das an die stolze fliegerische Vergangenheit dieses Ortes erinnert.

Platanus orientalis

Durchwandert man das Labyrinth des Blutgassen-viertels, das in den 1960er-Jahren als erstes Wiener Wohn-hausviertel vorbildhaft sanft revitalisiert wurde, sieht man im mittelalterlichen Fähnrichhof (Singerstraße 11/ Blutgasse 9) eine mächtige Morgenländische Platane (Platanus orientalis), die mit einem geschätzten Alter von 250 Jahren eine der ältesten Wiens ist. Die Platane wurde im Lauf des 18. Jahrhunderts in Mitteleuropa zu einem der beliebtesten Park- und Alleebäume, wobei man wohl am meisten die weit ausladende schatten-spendende Krone schätzte, aber auch die dekorativen Qualitäten ihres Stammes: Durch die jährlich in kleinen Teilen abblätternde Borke entsteht ein vielfärbiges mosaikartiges Muster.

Übrigens hatte man ursprünglich auch die äußeren Reihen der Ringstraße (entlang der Bauten) mit Platanen bepflanzt, von denen allerdings nur wenige überlebt haben. Das Exemplar im Fähnrichhof steht seit 1987 als einer von nur 13 Bäumen der Inneren Stadt unter Naturschutz (Naturdenkmal Nr. 726) – und zwar wegen einer mittlerweile unsichtbaren kulturellen Qualität. Im

Baum soll ein Rest vom Gitter des alten, 1732 aufgelassenen Domfriedhofs stecken. Das Stück ist mittlerweile allerdings derart eingewachsen, dass man dem Baum äußerlich gar nicht ansieht, welche historischen Werte in seinem Inneren verborgen sind. Wie dem auch sei, ein Besuch des Fähnrichhofs lohnt sich trotzdem: Vor allem an heißen Sommertagen demonstriert die etwa 16 Meter hohe Platane mit ihrem Kronendurchmesser von über zehn Metern, was ein Baum als grün leuchtender, rauschender, lebendiger Sonnenschirm für einen Hof tun kann.

Ein Zaun als letzte Erinnerung

Die Liegenschaft der Villa Kuffner ist so weitläufig, dass sie ein ganzes Geviert im Raster des Döblinger Cottages einnimmt. Der Umfriedungsmauer sieht man ihr Alter – über hundert Jahre – an. Sie wurde allerdings so solide gebaut, dass sie vollkommen intakt erhalten ist: Granitsockel, massive Pfeiler aus Klinkerziegeln, dazwischen ein hohes schmiedeeisernes Gitter. Hinter der Einfriedung nur ein kleines aus derselben Zeit stammendes Portierhaus, sonst gesichtslose Neubauten aus den 1960er-Jahren. Was ist geschehen?

1905–1908 ließ Wilhelm Kuffner, der aus einer begüterten Brauerei-Dynastie stammte (ihr gehörte unter anderem die Ottakringer Brauerei) für sich und seine Frau Camilla eine Villa errichten. Architekt Carl König konnte aus dem Vollen schöpfen: „Von der Vorfahrt betritt man ein Vestibül, dessen Dekoration sich auf die Marmorgewände der Türen, auf die Stuckdekoration der Wände und auf einen mächtigen Kamin beschränkt. Zur rechten Hand befindet sich die Garderobe, zur linken die Eingangstüre in die große Halle, deren Wände und Decke vollständig mit Eichentäfelung ausgestattet

sind. Die gleiche Verkleidung weist das gegen die Halle sich öffnende Stiegenhaus auf, welches durch ein großes, mit Glasmalerei versehenes Fenster sein Licht empfängt. Von der Stirnseite der Halle betritt man den Salon. Ein besonderer Reiz der östlichen Zimmerflucht liegt darin, dass sich dem Eintretenden vom Eingang der Halle bis zu der schönen Brunnenschale vor dem runden Erker des Musiksalons ein achsialer Durchblick öffnet. Neben dem Treppenhaus, von der Halle aus zugänglich, liegt der durch einen großen Erker erweiterte Speisesaal mit seiner reich kassettierten Decke und hoher Täfelung aus Mahagoniholz, aus welchem Material auch die gesamte Einrichtung hergestellt wurde …"

Wilhelm Kuffner starb 1923, seine Witwe musste 1938 mit ihren Töchtern nach Frankreich fliehen, wo zwei von ihnen, Hedwig und Marianne, von den deutschen Behörden festgenommen und in der Folge in Auschwitz ermordet wurden. Der dritten Tochter, Frieda, gelang die Ausreise in die USA. Nach 1945 wurde die Villa ihren Kindern restituiert. Diese verkauften an die Stadt Wien, 1961 hat man das Haus abtragen und ein Studentenheim errichtet.

Diese Situation – Mauern als Reste anspruchsvoller, kultivierter Villenanlagen und dahinter Neubauten – ist in den Wiener Cottagevierteln nicht so ungewöhnlich. Von den menschlichen Schicksalen, die hinter diesen verlorenen Villen stehen, können wir uns kaum einen Begriff machen.

Space Invader invades Vienna

Der Name des Tagger-Künstlers ist geheim. Er bedient sich einer kleinen Figur, die sich mit wenigen Quadraten darstellen lässt. Diese Quadrate entsprechen den Pixeln des „Space Invaders" aus dem gleichnamigen Videospiel der frühen 1980er-Jahre. Obwohl die Space Invaders mit ganz wenigen Pixeln dargestellt werden können, haben sie doch Augen, aus denen sie bedrohlich schauen, einen Gesichtsausdruck also und damit Persönlichkeit. Sie tauchten in Massen auf den damals nur auf wenige Farben beschränkten Bildschirmen auf, warfen kleine Bomben und ließen sich zur Freude der frühen Videospiel-Süchtigen schnell und in großer Zahl abschießen.

Der Tagger dürfte aus Paris stammen, jedenfalls setzte er seine kleinen, aus Mosaiksteinen bestehenden Figuren (die er auf Trägermaterial vorfixiert hat) zunächst in dieser Stadt frei, um dann die ganze Welt damit zu überschwemmen. Auf der Homepage des Künstlers sind die verschiedenen Orte, die seine Invaders besetzt halten, abrufbar.

Im Wiener MuseumsQuartier gab man dem mittlerweile zu weltweiter Berühmtheit gelangten Künstler

Gelegenheit, die „Street Art Passage Vienna", eine von der Breite Gasse ins MuseumsQuartier führende Brücke, in seinem Space-Invader-Design zu gestalten. Aus den kleinen, in großer Eile heimlich an die Wände geklebten, die Stadt aus listigen Augen beobachtenden Figuren wurde eine mit großen Badezimmerfliesen verwirklichte Installation. Der Tagger hat sich zum etablierten Auftragskünstler entwickelt. Auf dem Weg ist einiges vom ursprünglich subversiven Witz verloren gegangen.

Planwechsel und Baueinstellung

Die Viaduktstrecken der Wiener Stadtbahn sind handwerklich sehr sauber ausgeführt. Die sichtbare Ziegeloberfläche besteht aus besonders widerstandsfähigen, doppelt gebrannten Klinkersteinen, die auch nach über 100-jährigem Bestand eine durchaus ansehnliche, in verschiedenen Rot-, Orange- und Gelbtönen changierende, glänzende Oberfläche bilden. Nur südlich der Station Gumpendorfer Straße scheint etwas nicht ganz zu stimmen. Die Mauerflucht verläuft unmotiviert und stockt im Nirgendwo, ihre Oberfläche blieb unvollendet, die die eigentliche Schauseite bildende Ziegelschicht fehlt. Das hat seine Gründe.

Die Wiener Stadtbahn sollte zwar auch als Massenverkehrsmittel für die Wienerinnen und Wiener dienen, doch waren die als Normalbahnen errichteten und daher mit regulären Eisenbahnzügen befahrenen Linien vor allem als Verbindungsstrecken zwischen den Bahnhöfen gedacht. So bildeten die Donaukanal-Wientallinie, die Gürtel- und die Vorortelinie ursprünglich eine dreifache Verbindung zwischen den nach dem Herrscherpaar benannten Bahnlinien, der Franz-Josefs-Bahn und der

149

Kaiserin-Elisabeth-Westbahn. Der Nordbahnhof war bereits über eine ältere, nachträglich in das Stadtbahnnetz integrierte Verbindungsbahn vom Südbahnhof aus erreichbar.

Nach dem ursprünglichen Konzept sollte diese mehrfache Verknüpfung der Fernbahnhöfe durch einen Anschluss der Gürtellinie an den Südbahnhof ergänzt werden. Die gesamte Bauführung war finanziert, als sich plötzlich kritische Stimmen aus der Bevölkerung erhoben. Um das Stadtbild besorgte Bürger verlangten, dass die als Viaduktbahn konzipierte Donaukanallinie nun unterirdisch, als Galeriestrecke ausgeführt werden sollte. Man stimmte schließlich dem Planwechsel zu. Da man die Mehrkosten aber einsparen musste, fiel der Beschluss, auf die Weiterführung der Gürtelstrecke zum Südbahnhof zu verzichten. Der schon begonnene Bau an der Abzweigung wurde plötzlich eingestellt, übrig blieb ein im Rohbau belassener Stumpf.

Ein unbekannter Märtyrerschrein

Es ist einer der seltsamsten Gedenkorte Wiens, und trotz seiner prominenten Position ist seine Existenz fast unbekannt. Es handelt sich um die Erdgeschoßhalle des Rathausturms, die als eine Art Märtyrerschrein fungiert. Die erste historische Figur, an die hier erinnert wird, ist der Wiener Bürgermeister Martin Siebenbürger. Siebenbürger hatte in Wien Jus studiert, war dreimal Dekan der Juridischen Fakultät gewesen und hatte sich als Stadtrichter im Kampf gegen Korruption unbeliebt gemacht. Mit dem führenden Gegner der landesfürstlichen Politik in den niederösterreichischen Ländern machte Erzherzog Ferdinand kurzen Prozess. Am 1. August 1522 wurde Siebenbürger auf dem Wiener Neustädter Hauptplatz hingerichtet. Ein Wiener Bürgermeister war von einem Habsburgischen Fürsten, dem späteren Kaiser Ferdinand I., umgebracht worden! Man hat sich in der „Haupt- und Residenzstadt" der Habsburger nicht gerne an diese Episode erinnert. Es mussten erst 400 Jahre verstreichen und die Republik ausgerufen werden, bis 1922 der sozialdemokratische Bürgermeister Jakob Reumann dem „Vorkämpfer für die Freiheit

153

Wiens und die Rechte der Stände Österreichs gegen Fürstenwillkür" einen Gedenkstein widmete. Ein Jahr später wurde der nächste Stein enthüllt: Er erinnert an den Magistratsrat Martin Josef Prandstätter, einen Freimaurer und überzeugten Aufklärer, der 1795 als „mutiger Bekenner der Freiheitsidee" unter Kaiser Franz II./I. zu 30-jähriger schwerster Kerkerhaft verurteilt wurde und 1798 – auch er ein Märtyrer – im Festungsgefängnis von Munkács starb. Als letzte Persönlichkeit wurde Stadtrat Heinz Nittel, Präsident der Österreichisch-Israelischen Gesellschaft, mit einer Inschrifttafel geehrt. Er fiel am 1. Mai 1981 auf dem Weg zum Maiaufmarsch einem terroristischen Attentat zum Opfer.

Insgesamt eine gute Idee, an Menschen zu erinnern, die für ihre Überzeugung oder wenigstens wegen ihrer Überzeugung ihr Leben verloren haben. Schade, dass dies an einem Ort geschieht, an den sich zwar bisweilen Touristen verirren, an dem normale Stadtbewohner (er liegt abseits aller Fußgängerrouten) aber niemals vorbeikommen.

Wasserbaukunst, unsichtbar

Das Otto-Wagner-Schützenhaus mit seiner charakteristischen blau-weißen Fliesenverkleidung hat nach langen Jahren des Leerstands eine neue Funktion bekommen. Es beherbergt heute ein Restaurant, früher die „Schütze". Diese Schütze waren aber keine Schießsportler, sondern Metalltafeln. Im Bett des Donaukanals befand sich ein zusammenklappbares Metallgestell, das von einem im Haus untergebrachten Kran aufgezogen werden konnte. Das aus dem Wasser gezogene Metallgestell, das sogenannte „Wehrgerippe", bildete zunächst eine Art befahrbare Brücke. Mittels eines Wagens konnten dann Metalltafeln, die „Schütze", senkrecht in dieses Gestell eingesetzt werden, was einen Rückstau bewirkte. Das Ganze war Teil eines noch größeren Konzepts: Nach einem Gesetz für die Wiener Verkehrsanlagen von 1892 sollte der Donaukanal auch im Fall von Niedrigwasser als Verkehrsweg nutzbar sein und zugleich als Handels- und Winterhafen dienen können. Dafür waren insgesamt vier Wehranlagen vorgesehen, von denen aber nur zwei – das Nussdorfer Wehr und die Staustufe Kaiserbad – verwirklicht wurden. Von dieser Staustufe

Kaiserbad sind die architektonische Hülle des Schützenhauses und die gegenüberliegende sogenannte Schleuseninsel erhalten. Für den Fall, dass der Donaukanal an dieser Stelle aufgestaut worden wäre, sollten weiterhin Schiffe (auch großer Dimension – die Schleusenkammer war 85 Meter lang) den Kanal befahren können.

An den Ausnehmungen der Granitmauern der Schleuseninsel lässt sich die ursprüngliche Funktion noch nachvollziehen. Da das Gesamtprojekt unvollendet blieb, dürfte die komplizierte Wehranlage seinerzeit nur zu Testzwecken in Betrieb genommen worden sein. Man hatte dabei also buchstäblich viel Geld auf dem Donaugrund versenkt. Als vor wenigen Jahren die U2 in Richtung 2. Bezirk verlängert und der Donaukanal unterquert wurde (ein technisch schwieriges, mit Gefriertechnik realisiertes Vorhaben), erhielt die Schleuseninsel eine neue Funktion, sie kann für einen Lüftungsschacht genützt werden.

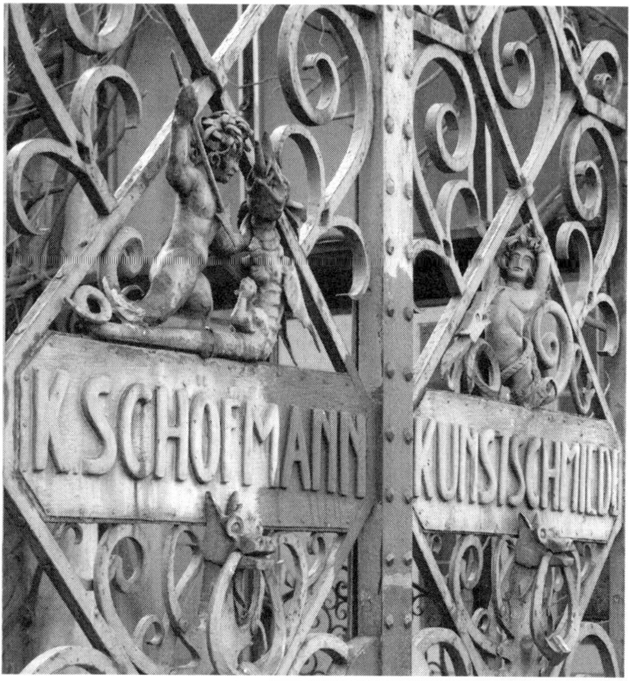
K. SCHOFMANN
KUNSTSCHMIEDE

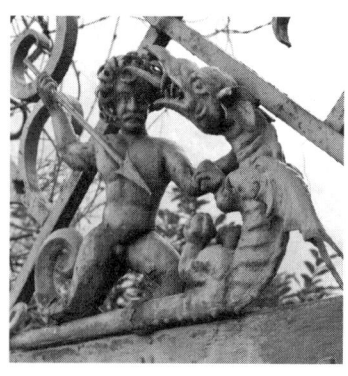

Ein Kunstschlosser als Wagner-Fan?

Er dürfte 1927 oder 1928 das Haus in der Hütteldorfer Straße 59 bezogen und hier seine Werkstatt eröffnet haben. Jedenfalls scheint der Name des Kunstschlossers Karl Schöfmann in Zusammenhang mit der Adresse Hütteldorfer Straße 59 (15. Bezirk) zum ersten Mal im Jahr 1928 in „Lehmanns Wohnungsanzeiger" auf. Wahrscheinlich war er, der hier seinen Betrieb eröffnete, jung und ambitioniert. Jedenfalls begann Schöfmann sofort, sein Haus mit Zeugnissen seiner Handwerkskunst auszustatten: Vor die ovale Öffnung des durchbrochenen Giebels stellte er eine große Puttofigur, die von einem mit Weinlaub und anderem Blatt- und Rankenwerk reich dekorierten Rahmen umgeben ist. Die fein ausgeführte Kupfertreibarbeit zeigt alle Merkmale des dekorativen, schmuckfreudigen, in mancher Hinsicht dem Rokoko nahen Stil dieser Zeit: Art déco.

Das große Einfahrtstor in den Hof wurde mit zwei szenischen Darstellungen aus der Nibelungensage geschmückt. In Schmiedeeisen ausgeführt sehen wir Siegfried, der über dem Amboss sein Schwert Balmung schmiedet, das er dann am zweiten Relief dem Drachen in den Bauch stößt. Wir können uns des Eindrucks nicht erwehren, dass der junge Kunstschlosser sich mit der Figur des wackeren Siegfrieds, der ja ein Meister des Schmiedehandwerks war, identifiziert hat; wer weiß, vielleicht war Karl Schöfmann darüber hinaus auch Wagner-Verehrer. Wir haben es hier jedenfalls mit einem schönen Beispiel von öffentlich gemachtem Handwerksstolz zu tun. Schöfmann wollte sein Können, seine Meisterschaft demonstrieren und gleichzeitig Werbung für seinen Betrieb machen. Er hat damit das lokale Stadtbild bereichert. Schade eigentlich, dass dergleichen in dieser Kombination kaum mehr vorkommt. Schade auch, dass diesem Dokument historischer Handwerkskunst wohl kein langes Leben mehr beschieden sein wird … der Betrieb scheint stillgelegt zu sein.

Unter dem Theseustempel

Am Anfang stand politische Propaganda. 1805 bestellte Napoleon – er stand am Zenith seiner Karriere – bei dem berühmtesten Bildhauer seiner Zeit eine Skulptur, die den Sieg über seine Feinde symbolisieren sollte: Theseus erschlägt Eurythos, den König der Kentauren. Als Antonio Canova die Skulptur 1819 vollendet hatte, war Napoleon allerdings selbst bereits besiegt. Die Skulptur wurde nun unter umgekehrtem Vorzeichen zum Symbol seiner Niederlage. Aus dem Theseus-Napoleon war Napoleon, der Kentaur geworden. Kaiser Franz II./I. ließ die Skulptur aus Mailand nach Wien bringen. Er nahm dem Künstler dessen früheren Auftraggeber nicht übel, sondern ließ ihn sogar Art und Weise der Präsentation in Wien bestimmen. Canova wünschte sich als monumentale Hülle einen klassischen Tempel, der dem Athener Theseion nachgebildet werden sollte. Und so geschah es. Der Eintritt in den Tempel und die Besichtigung des Theseus waren „täglich und zu jeder Jahreszeit unter der Aufsicht des wachhabenden Mannes der Hofburgwache gestattet". 1890 übersiedelte die Theseusgruppe dann ins Kunsthistorische Museum,

wo sie als zentraler Blickpunkt für das Stiegenhaus dient. Der Tempel blieb als leere Hülle zurück, da er mittlerweile auch die zweite ihm ursprünglich zugedachte Funktion verloren hatte. Der Bau verfügt nämlich über eine große, dreischiffige unterirdische Halle, die man als Aufstellungsort für römische, in der Hauptsache aus Carnuntum stammende Funde genützt hatte. Der nur durch Lichtschlitze im Stufenaufbau belichtete Raum ist entsprechend düster, nach dem Bericht eines Zeitgenossen „umschwebte" einen dort „das geheimnisvolle Dunkel längst verschwundener Jahrhunderte". 1845 hat man dieses Lapidarium aufgelassen.

Der Theseustempel, in den 1960er- und 1970er-Jahren beliebter Treffpunkt der alternativen Jugendszene, wird heute vom Kunsthistorischen Museum genützt, das im Hauptraum Ausstellungen veranstaltet. Überlegungen, auch die eindrucksvollen unterirdischen Gewölbe wieder der Öffentlichkeit zugänglich zu machen, gab es viele, doch scheiterten sie an der schwierigen Erschließung, die über eine enge Wendeltreppe und einen unterirdischen Gang erfolgt. An Stelle eines ehemaligen kleinen Eingangspavillons weist heute nur das niedrige, kistenartige Gehäuse einer Falltüre auf diese geheimnisvollen unterirdischen Räumlichkeiten hin.

Český kolotoč

Das historische Ringelspiel ist eigentlich ein Pasticcio aus unterschiedlichen Tierfiguren und Fahrzeugen. Der Bestand an weißen Pferden stammt tatsächlich noch aus der Mitte des 19. Jahrhunderts und ist somit älter als sein Standort, der „Böhmische Prater", der 1884 beim Laaer Berg gegründet wurde. Der Name dieses Vergnügungsortes erinnert an die Böhmen in Wien, von denen viele im 10. Bezirk wohnten – hier befanden sich die Ziegeleien, in denen die „Zieglbehm" schufteten, deren unwürdige Arbeits- und Lebensbedingungen Victor Adler angeprangert hat. Die Tschechen waren aber auch sonst in der Reichshaupt- und -residenzstadt omnipräsent. Im Jahr 1900 stammte ein Viertel der Wiener Bevölkerung aus Böhmen und Mähren. Der größte Teil davon hat sich rasch assimiliert. Georg Kreisler wusste in seiner „Telefonbuchpolka" ein Lied davon zu singen.
Die Wiener Bürger waren in vielfacher Weise von den tschechischen Zuwanderern abhängig: „Damit der Wiener sein verträumtes, unpünktliches, an kleinen Freuden und Genüssen so reiches Leben führen könne,

165

arbeitet unauffällig und still eine Präzisionsmaschine, deren rastlose und fleissige Arme die Tschechen sind. Sie sind unsere Schneider und machen unsere schönen Kleider; sie sind unsere Schuster und machen unsere schönen Schuhe, sie geigen und blasen unsere schöne Musik; sie kochen unser gutes, gesundes Essen; sie zimmern und polieren unsere schönen Möbel; sie kutschieren unsere schönen Equipagen; sie sind die umsichtigen und verlässlichen Feldwebel unserer Armee; sie tragen die prächtigen Livreen des Kaisers und der hohen Herrschaften; und die milchstrotzenden Brüste der böhmischen Ammen nähren die Wiener Kinder." Schrieb der Zeitzeuge Otto Friedländer, der die Tschechen für wesentlich robuster und lebenstüchtiger hielt als das „müde Volk" der Wiener (Letzter Glanz der Märchenstadt, 1948).

Moloch Demolirungswuth

Die Gründerzeit war das Zeitalter des Kapitalismus. Nie sind so viele alte Häuser zerstört worden wie damals. Abbrüche und Neubauten wurden durch staatliche Förderungsmaßnahmen unterstützt und nicht durch Denkmal- oder Ortsbildschutzbestimmungen gebremst. Die Gründerzeit war aber gleichzeitig auch das Zeitalter des Historismus, nie hat man so für Geschichte geschwärmt wie damals: Die Neubauten wurden im Kleid vergangener Epochen errichtet, nur in anderem Maßstab.

An der Gabelung Sonnenfelsgasse/Bäckerstraße, etwa an der Stelle des Gutenberg-Denkmals, stand der alte Regensburger Hof, einst Sitz der süddeutschen Kaufleute (daher der Name), 1470 Schauplatz einer denkwürdigen Begegnung von Kaiser Friedrich III. und seinem Widersacher, dem ungarischen König Matthias Corvinus. Noch bevor das geschichtsträchtige Haus abgerissen wurde, erhob sich bereits – einige Meter zurückversetzt, aber fast doppelt so groß – der gleichnamige Neubau. Die Wiener und Wienerinnen klagten über den „Moloch Demolirungswuth" und spotteten über das Stilgemisch

des neuen Hauses. „Im fünften Stockwerk maurisch und romanisch, und etwas Rokoko hinauf, egyptisch, indisch, persisch, koreanisch, und einen deutschen Giebel mittendrauf", höhnt die Schriftstellerin Carola Bruch-Sinn 1896. Dabei hatte der Architekt durchaus versucht, prägende Merkmale des Altbaus wie etwa die seitlichen Runderker beim Neubau zu übernehmen. Den Verlust des für die Stadtgeschichte bedeutenden Ortes kompensierte man durch eine in der Mitte der neuen Fassade applizierte Statue Friedrichs III. samt entsprechender Inschrift. Und schließlich wurden sogar die erkertragenden Konsolsteine des Hauses in Form grotesker Renaissancebüsten auf den Neubau übertragen: vielleicht ein Ausdruck von schlechtem Gewissen und wohl auch der Versuch, mit den echten Steinen etwas von der Authentizität des alten Hauses auf das neue zu übertragen.

Der Starke hilft sich selbst

Das riesige Gebäude sollte aus Hochwasserschutzgründen geopfert werden. Der Denkmalschutz war bereits aufgehoben, doch dann begann man das statische Gefüge zu untersuchen und die Kosten für den Abbruch zu kalkulieren. Die alte, noch aus den letzten Jahren der Monarchie stammende Stahlbetonskelettkonstruktion des städtischen Getreidespeichers war so massiv ausgeführt worden und daher auch so perfekt erhalten, dass man schließlich den enormen Aufwand für den Abriss scheute und nach anderen Lösungen suchte. Und siehe da, das totgesagte Gebäude erhielt eine zweite Chance. Es fand sich ein skandinavisches Unternehmen, das bereits Erfahrungen mit einem ähnlichen Bauwerk im Hafen von Oslo gesammelt hatte und die historische Konstruktion „recyklierte". 1988 wurde das monumentale Bauwerk mit dem markanten, wuchtigen Dach als Wiens erstes unmittelbar an der Donau gelegenes Hotel der Nobelkette Hilton eröffnet. Für die Hotelgäste, die heute in dem außen und innen vollkommen modern wirkenden Viersternehaus absteigen, finden sich an der Fassade allerdings kleine Hinweise auf das wahre Alter

des Bauwerks: vier briefmarkenartige Doppeladler-
wappen mit den Jahreszahlen *1912* (Baubeginn) und
1913 (Fertigstellung). Nicht erkennbar sind allerdings
die historische Funktion des Altbaus und das technische
Know-how, das dahinter steckte. Es handelte sich um
den seinerzeit modernsten derartigen Speicher Europas,
der etwa bereits über Entstaubungsanlagen, Feueralarm-
systeme und Fernthermometer verfügte. Im Mittelbau
beförderten sieben „Elevatoren" das Speichergut (in der
Hauptsache per Schiff aus Ungarn und dem Balkan ge-
liefertes Getreide) in den oben liegenden Verteilungs-
raum, von wo es mittels Förderbändern zur „Putzerei"
gelangte, wo eine grobe Vorreinigung erfolgte. Über ein
Fallrohrsystem wurde das Getreide dann auf die Boden-
speicher (mit einem Fassungsvermögen von insgesamt
2400 Waggons) verteilt. Den Weitertransport übernahm
die Bahn. Durch das Erdgeschoß verlief ein Gleis mit
Anschluss an die Donauuferbahn. Es handelte sich um
eine technische Meisterleistung. Nach den Eröffnungs-
worten des damaligen Bürgermeisters Weiskirchner
markierte der Speicher „den Beginn einer neuen Epoche
der wirtschaftlichen Entwicklung Wiens" – einer Entwicklung, die heute, man kann die Umwidmung auch
als symbolisch betrachten, zu einem guten Teil im Tourismus gesehen wird.

Kyselak was here

Über zwei Kilometer lang und schnurgerade führt die Allee vom Neuwaldegger Schloss westwärts in den Wienerwald. An ihrem Anfang stehen zwei hohe barocke Obelisken, die, so sagt die Überlieferung, als Pfosten einer gewaltigen Schaukel gedient hätten, auf der sich einst Maria-Theresia vergnügte. Diese Geschichte gehört wie so viele andere mit Maria-Theresia verknüpfte Erzählungen ins Reich der Sagen und Legenden. Ganz echt dürfte allerdings die auf einer Kartusche des südlichen Obelisken zu findende Signatur KYSELAK sein. Joseph Kyselak (1799–1831) war ein österreichischer Beamter, der als Vorläufer der heutigen Tagger gilt. Auf weiten Wanderungen durch Österreich, Süddeutschland, Böhmen und Mähren hinterließ er an zahlreichen exponierten Stellen seine in großen Blockbuchstaben geschriebene Signatur. Sein Neuwaldegger „Tag" ist das einzige in Wien. Dabei muss man sich vor Augen halten, dass Neuwaldegg zu Kyselaks Zeiten ein kleines, weit außerhalb der Stadt gelegenes niederösterreichisches Dorf gewesen ist, das allerdings wegen seines großen englischen Landschaftsgartens – es handelte sich um

eine der frühesten derartigen Parkanlagen in Mitteleuropa – gern besucht wurde. Kyselak hat seine große Wanderung literarisch verarbeitet, 1829 erschien sein Buch „Skizzen einer Fußreise durch Österreich, Steiermark, Kärnthen, Salzburg, Berchtesgaden, Tirol und Baiern nach Wien". Es waren allerdings seine Signaturen, die ihn zunächst berüchtigt, dann berühmt machten und ihm schließlich eine Art Kultstatus verliehen. Aus der Frühzeit der „Kyselak-Rezeption" stammt ein Gedicht des Dichters Joseph Victor von Scheffel, das die Ruine Aggstein mit ihrem sogenannten „Rosengärtlein" (in dem Gefangene grausam zum Todessprung gezwungen worden sein sollen) schildert und das folgendermaßen endet:

… Schwer empört schau ich das wilde
Denkmal wilder Menschenart …
Sieh – da winkt versöhnlich milde
Auch ein Gruß der Gegenwart:
Schwindlig ob des Abgrunds Schauer
Ragt des höchsten Giebels Zack
Und am höchsten Saum der Mauer
Prangt der Name – KISELAK.

Kunstwerk ohne Rahmen

Die architektonisch aufwendig gestalteten vasenbekrönten Stadtparkportale an der Johannesgasse bieten einen seltsamen Anblick. Ein Tor bildet normalerweise einen verschließbaren Durchlass innerhalb einer Barriere. Bei diesen Eingängen fehlen die Torflügel, an das linke Portal schließt westlich ein kniehohes Mäuerchen an, das mehr symbolisch als Begrenzung des Parks fungiert. Die Tore sind daher nur als Relikte verständlich, als Reste des einstigen Stadtparkgitters, wie es heute nur mehr in dem kurzen Abschnitt zwischen den Toren erhalten ist. Ursprünglich war der gesamte Stadtpark von einem Gitter umgeben, ähnlich wie dies heute noch beim Burg- und Volksgarten der Fall ist. Die großen Parkanlagen der Ringstraße waren als Kunstwerke konzipiert. Beim Stadtpark war übrigens tatsächlich ein bildender Künstler, der Landschaftsmaler Joseph Selleny, an der Planung beteiligt.

Kunstwerke, auch Gartenkunstwerke, stellen eine Welt für sich dar, die eine Begrenzung braucht, um sich gegenüber der „Umwelt" in ihrer Besonderheit und Eigenständigkeit behaupten zu können. Im schönen Wort

177

„Umfriedung" schwingt ja mit, dass es sich um den Schutz einer besonderen Sphäre handelt. Als man in den 1960er-Jahren das Stadtparkgitter entfernen ließ, ging man von der falschen Vorstellung aus, dass es demokratischer wäre, den (ja ohnehin für das Publikum geöffneten) Park auch optisch zu öffnen, um einen ungehinderten Blick hinein zu ermöglichen. Man hat dabei nicht an den Blick von innen hinaus gedacht, der nach einem Filter verlangt, einem Element, das, wenn auch durchsichtig, zwischen dem geschützten Drinnen und dem Draußen eine Zäsur bildet. Man möchte schließlich in einem Park sein und nicht an der verkehrsdurchfluteten Ringstraße.

Ora et labora. Unaufhörlich

Es ist immer wieder ein überraschender Anblick: Man fährt Richtung Dornbach, die Dornbacher Straße beschreibt via Vollbadgasse eine kleine S-Kurve, mündet in die Alszeile, und plötzlich rückt ein großer Weinberg ins Blickfeld. Man wundert sich vielleicht, warum dieser fast noch im städtischen Bereich gelegene Hügel nicht schon vor langer Zeit parzelliert und mit Villen oder Miethäusern verbaut wurde; doch wenn man erfährt, dass der Weinberg zum vis-à-vis an der anderen Straßenseite liegenden Pfarrhof von Dornbach gehört, wird man sich denken, dass die Kirche sich eben nur ungern von ihren Liegenschaften trennt und überdies einen Sinn für Kontinuität hat. In diesem Fall ist die Kontinuität tatsächlich erstaunlich. Pfarrhof und Weinberg gehören nämlich der Erzabtei Sankt Peter in Salzburg, dem ältesten Kloster im deutschen Sprachraum, gegründet 696. Das Kloster hatte schon über 350 Jahre bestanden, als es im Jahr 1042 diesen Grundbesitz erhielt. Damals übertrug Siegmar IV. aus der mächtigen süddeutschen Familie der Siegmaringen, die auch in dieser Gegend über großen Grundbesitz verfügte, dem Stift zwei an der

179

Als gelegene Gutshöfe. Das ist also fast tausend Jahre her, wie sah die Welt 1042 aus? Über Ostarrichi herrschten die Babenberger, die allerdings ihre Residenz in Melk hatten, ihre Burg stand dort, wo später einmal das Kloster entstehen sollte. Wien war eine unbedeutende kleine Siedlung, kaum größer als das Geviert des einstigen römischen Lagers. Der Investiturstreit war noch nicht entschieden, England war noch nicht von den Normannen erobert, über Byzanz herrschte Konstantin IX. ...

Seit damals also gehört der Grund zum Stift Sankt Peter, und wohl auch seit damals wird hier Wein angebaut. An der Arbeit wird sich nicht sehr viel geändert haben. Nach wie vor werden die Trauben im Herbst geerntet. Der neue Wein kann dann nach wie vor beim Pfarrer von Dornbach getrunken werden.

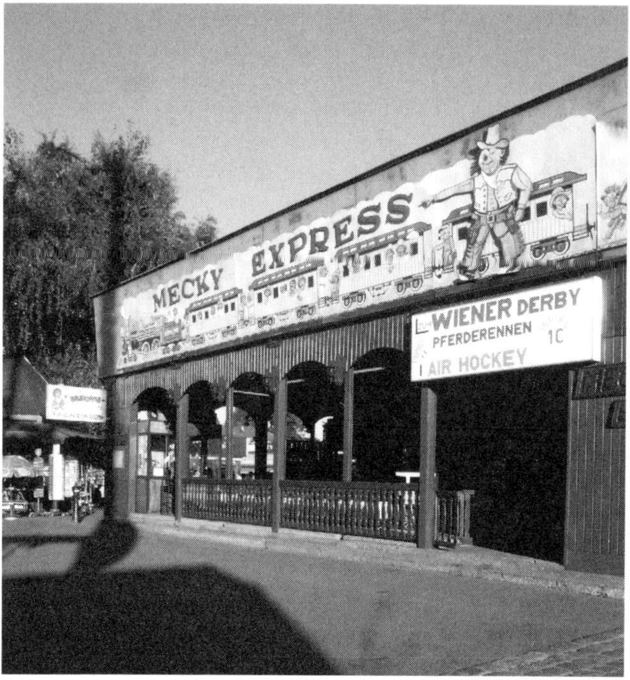
MECKY EXPRESS
WIENER DERBY
PFERDERENNEN
AIR HOCKEY

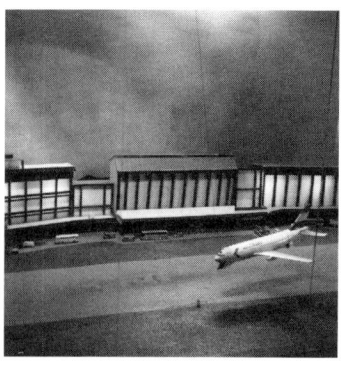

Zeitreise mit dem Mecky-Express

Ist Ihnen Mecki ein Begriff? Und die dazugehörige Frisur? Die pfiffig-nette Comicfigur dieses Namens war ab 1949 das Maskottchen der Fernsehzeitschrift „Hörzu". Zu ihren Ahnen gehört der trickreiche Herausforderer des Hasen in Grimms Märchen vom Hasen und dem Igel. Diese Erzählung diente als Vorlage für einen 1938/39 gedrehten Puppenfilm, der so erfolgreich war, dass damals bereits Postkarten mit dem Portrait des Igelhelden gedruckt wurden. In den 1950er- und frühen 1960er-Jahren war die Figur jedenfalls „Kult". In unzähligen Variationen bevölkerten zwei- und dreidimensionale Meckifiguren die deutschsprachige Welt – eine psychologische Deutung dieses Phänomens steht noch aus. Nostalgie? Im Prater gibt's ein Wiedersehen!

In den letzten Kriegstagen war der alte Wurstelprater fast zur Gänze vernichtet worden. Nur das Riesenrad hatte, wenn auch schwer beschädigt, den Feuersturm überstanden. Noch in den 1940er-Jahren begann der Wiederaufbau, und zum Glück trotzen einige der damals entstandenen Vergnügungsstätten dem Trend, dem Bedürfnis nach immer extremerem „Thrill" Rechnung zu tragen. Diese Attraktionen der Nachkriegszeit erlauben einen Blick zurück in die Zeit harmloser, beinahe beschaulicher „Volksbelustigung". Mit der Hochschaubahn wird die Bergwelt von Heiligenblut erschlossen, beim mittlerweile denkmalgeschützten Toboggan kann man die Aufregung einer rasenden Schlittenfahrt nachvollziehen, nach einer Runde Minigolf im dazugehörigen „Golf-Espresso" Kaffee trinken oder sich im „Knusperhäuschen", bei dem die wunderschön glänzende Lebkuchenverkleidung aus Keramik erhalten ist, stärken.

Als Zeitmaschine besonderer Art entpuppt sich aber der Mecky-Express. Er bietet nicht nur die Begegnung mit der historischen Comicfigur. Bei der Fahrt mit der Bahn passiert man Schaukästen (Diaramen) mit Szenen aus den „Bremer Stadtmusikanten" oder „Ben Hur", umkreist eine große Eisenbahnanlage und kann schließlich „Wunder der Technik!" – Start und Landung von Flugzeugen auf dem Flughafen Wien-Schwechat (im Zustand von 1963) – verfolgen.

Was macht ein Admiral im Kino?

Heute gibt es kaum mehr dreißig Kinos in Wien, freilich verfügen inzwischen viele der großen Häuser mit Namen wie Cineplexx, Megaplex oder UCI Kinowelt über mehrere Säle. Am Beginn des vorigen Jahrhunderts war das Angebot viel größer. Das junge Medium hatte sich erstaunlich rasch durchgesetzt: 1909 gab es 74 Kinos in Wien, 1914 bereits 150, 1927 gar 170! Diese „Lichtspieltheater" trugen oft ungewöhnliche, teils hochtrabende, an der großen Welt internationaler Hotels oder Theater orientierte, teils aber auch bescheidene, an lokale Haus- und Straßenbezeichnungen anknüpfende Namen. Man könnte eine ganze Poetik der Wiener Kinonamen verfassen: Weltbiograph, Weltspiegel, Imperial, Odeon, Olympia, Universum, Kosmos, Ideal, Astoria, Währingergürtelkino, Rotenturmkino, Blaues Flaschenkino, Auge Gottes Kino, Sandleitenkino etc., etc.

Warum das Admiralkino so heißt, bleibt zunächst unbekannt. Es zählt mit dem Gründungsjahr 1913 jedenfalls zu den ältesten Wiens. Vielleicht hat sein Name etwas mit einer historischen Vergabepraxis zu tun, die auf eine 1912 erlassene Kinoverordnung zurückging.

Damals wurde bestimmt, dass Konzessionen primär an gemeinnützige Vereine und Invalide vergeben werden sollen. Der Obrigkeit erschien das Kino lange Zeit suspekt, die Einnahmen sollten daher wenigstens vernünftigen Zwecken dienen. Daraus ergab sich eine eigene Kategorie militärischer Kinonamen. Etwa das Flottenvereinskino (später Flottenkino), das Invalidendankkino, das Fliegerkino (heute Studio Molière), das einem Fliegeroberleutnant gehörte, oder gar das 1914 gegründete Husarenkino in der Alserstraße, dessen Lizenz sich im Besitz eines Josef Ritter Tonello von Stramare befand.

Gespeicherte Erinnerung

Geliebte Stadt, die Stadt als Geliebte?

Wir befinden uns im Jänner des Jahres 1911. Der bevorstehende Abbruch des barocken Trattnerhofes am Graben bewegt die Gemüter, die Polemik um das ornamentlose Loos-Haus am Michaelerplatz erreicht gerade ihren ersten Höhepunkt. Der Bau wurde eingestellt, im Gemeinderat wird der Fall diskutiert, Ultimaten für eine Neugestaltung werden gesetzt. Adolf Loos versucht verzweifelt, seine architektonische Vorstellung zu retten … Da erscheint die Nummer 315 der Fackel, die wie andere Ausgaben die Aphorismensammlung „Pro Domo et Mundo" enthält. Nach einer Reihe prägnant formulierter gesellschaftskritischer Aperçus findet sich hier schließlich der mittlerweile vielzitierte Satz: „Ich verlange von einer Stadt, in der ich leben soll: Asphalt, Straßenspülung, Haustorschlüssel, Luftheizung, Warmwasserleitung. Gemütlich bin ich selbst." Zum besseren Verständnis dieser Aussage sollte man vielleicht zwei Dinge wissen: Erstens war es seinerzeit in Wien nicht selbstverständlich, dass Wohnungsbesitzer den Haustorschlüssel ausgefolgt bekamen. In den meisten Häusern gab es Portiere, die das Tor um 9 oder 10 Uhr abends zu verschließen hatten und es zu späterer Stunde nur gegen Zahlung eines „Sperrsechserls" öffneten. Das bedeutete für sie ein wichtiges Zusatzeinkommen, für die Mieter aber ein Ärgernis. Zweitens ist der Hinweis auf die eigene Gemütlichkeit natürlich ironisch gemeint. Kraus war eine extrem ungemütliche Persönlichkeit und hat diese menschliche Kälte auch zelebriert. In seiner Positionierung auf Seiten der Moderne und im implizierten Angriff auf die Nostalgiker unterscheidet er nicht zwischen Gefühlsduselei und echtem Gefühl der Modernisierungsgegner. Die Infrastruktur der Stadt muss funktionieren, mehr hat ein cooler Intellektueller nicht nötig.

Lassen wir ein halbes Jahrhundert später einen anderen Intellektuellen, einen Vertreter der von Kraus verachteten Psychoanalyse, über die Rolle, die eine Stadt im Gemütsleben ihrer Bewohner spielen kann, sprechen: In dem 1965 erschienenen Werk „Die Unwirtlichkeit unserer Städte" setzte sich Alexander Mitscherlich mit den aktuellen Bedrohungen des Lebensraums Stadt durch Individualverkehr, Bodenspekulation, unkontrolliertes Wachstum oder die Trennung der Bereiche Wohnen und Arbeit auseinander. Er erkennt in der Beziehung des Individuums zur Stadt, zu „seiner" Stadt, ein immenses Potenzial für das Gefühlsleben: „Wenn sie in Ordnung ist, wird die Stadt zum Liebesobjekt ihrer Bürger. Sie ist ein Ausdruck einer kollektiven, Generationen umspannenden Gestaltungs- und Lebenskraft; sie besitzt eine Jugend, unzerstörbarer als die der Geschlechter, ein Alter, das länger dauert als das der Einzelnen, die hier aufwachsen. Die Stadt wird zur tröstlichen Umhüllung in Stunden der Verzweiflung und zur strahlenden Szenerie in festlichen Tagen. In diesem Aufblühen und Stagnieren, in wiederholten Anläufen, ihre Nachbarstädte zu überflügeln, verwirklicht sich im städtischen Leben immer mehr als nur die männliche Potenz; die Stadt repräsentiert in einer Vielheit ihrer Funktionen eine ältere als die väterliche Welt. In ihren großen Exempeln ist sie unverhüllt eine Muttergeliebte. Ein Wesen, dem man verfallen ist, von dem man nicht loskommen kann; man bleibt ewig ihr Kind oder ihr zärtlicher Besucher."

Zwischen diesen beiden Extrempositionen – der Stadt als seelenloses Gehäuse, das den Nutzern eine funktionstüchtige Infrastruktur für Wohnen, Verkehr und Kommunikation zur Verfügung zu stellen hat, und der Stadt als Muttergeliebte – tut sich ein weites Feld auf, zu dem viele Zugänge möglich sind. Einer dieser Zugänge wäre wohl schon der Zweifel am Zutreffen der psychoanalytischen Diagnose. Die These, dass die Stadt als Muttergeliebte wahrgenommen werden kann, lässt sich jedenfalls leicht mit dem Hinweis auf die unzähligen Prosatexte, Gedichte und Lieder, in denen Städte besungen und gerühmt werden, als wären sie geliebte Menschen, untermauern. In diesen Elogen bietet die Stadt Geborgenheit, vermittelt Harmonie, spiegelt die Vergangenheit, speichert die Erinnerungen an die Jugend oder wird zum schmerzlich vermissten Sehnsuchtsort für den, der sie verlässt oder, schlimmer noch, verlassen muss. Woraus ergibt sich aber diese Liebesbeziehung, warum verlieben sich manche, während andere gleichgültig bleiben? Kann man zwischen denen unterscheiden, die von einem ästhetischen Gebilde beglückt sind, und jenen, die die Stadt als Raum sozialer Beziehungen lieb gewonnen haben? Ist die Liebe zur Stadt ein echtes Sentiment oder nur eine Sentimentalität oder gar eine Art Mode, die einmal mehr, einmal weniger Konjunktur hat? Ist sie denn überhaupt zeitgemäß oder vorgestriger Kitsch, der nur in Form von schmalzigen Texten konserviert wird? Steht sie gar für das Enge, Beschränkte und damit der Option, echter Weltbürger zu sein, entgegen? Vielleicht geht es heute eher darum, eine Lebensabschnittspartnerin zu finden, die Wohlbefinden garantiert. Etwa im Sinne einer an messbaren Kriterien festzumachenden Lebensqualität, wie sie die Mercer-Studie jährlich evaluiert. Wien nimmt in diesem Ranking, das die Attraktivität einer Stadt als Arbeitsplatz für internationale Manager bestimmt, seit Jahren eine hervorragende Position ein.

Die Stadt der Lebenden und der Toten

Dieser Wohlfühlfaktor (*ubi bene, ibi patria* – Wo es gut ist, ist Vaterland) hat freilich eher etwas mit dem Kraus'schen Ideal von Funktionstüchtigkeit und Bequemlichkeit zu tun als mit jener intensiven Emotion, die Mitscherlich beschreibt und die vor allem auch die historische Dimension im Bewusstsein der Stadtliebhaber miteinschließt – das Wissen, dass an einem Ort schon zahlreiche Generationen gelebt und gewirkt haben und dass der Ort daher eine Verbindung zu dieser Vergangenheit, zu diesem gelebten Leben, bildet. Der amerikanische Kulturhistoriker Lewis Mumford meinte, dass das Bedürfnis, den Toten nahe zu sein, überhaupt Bedingung für die Entstehung dauerhafter Siedlungen gewesen sei. Der vorgeschichtliche Nomade habe zunächst den Toten dauerhafte Behausungen bereitet. „Die Totenstadt ist älter als die Stadt der Lebenden. Ja, die Totenstadt [ist] ... der Vorläufer oder gar der Kern jeder lebendigen Stadt." Aus dieser Nähe zu den Gräbern ergibt sich eine magische Beziehung, die die Stadt zunächst auch zu einer Kultstätte, jedenfalls zu einem besonderen Erinnerungsort werden lässt. In ihrer Untersuchung zum Phänomen der „Erinnerungsräume" (Formen und Wandlungen des kulturellen Gedächtnisses) hat Aleida Assmann eine Reihe von literarischen Quellen zusammengestellt, die diese spezifische Funktion der Stadt bezeugen; in einem der von ihr zitierten frühen Beispiele wird die Bedeutung der Beziehung zu den Ahnen noch deutlich greifbar. So beschwört der Dichter Ismenias im antiken Alexanderroman Alexander den Großen, Theben nicht zu zerstören, indem er ihn darauf aufmerksam macht, dass dessen Vorfahren aus dieser Stadt stammten, dass die Stadt daher Teil seiner selbst und Thebens städtische Topografie auf vielfältigste Weise mit Geschichte und Mythos verbunden sei. (Letztlich fleht Ismenias vergebens: Alexander lässt die Stadt zerstören, weil er sich selbst als Herr über die Geschichte betrachtet.)

Die Stadt als bereits von der eigenen Genealogie losgelöster Gedächtnisort im modernen Sinn wird in jener überlieferten römischen Stadtwanderung greifbar, die Petrarca mit seinem Freund Colonna im April des Jahres 1341 unternahm. Umherstreifend identifizieren die beiden die historischen Orte, den Ort, an dem die Sabinerinnen geraubt wurden, an dem Cäsar triumphierte oder der Heilige Petrus gekreuzigt wurde ... „Für die beiden Spaziergänger verdichtet sich die Zeit zum Raum; was die Zeit unsichtbar macht, indem sie raubt und zerstört, halten die Orte immer noch auf geheimnisvolle Weise fest. Aus der Chronologie wird eine Topographie der Geschichte, die man durch Rundgänge abschreiten, die man Stück für Stück vor Ort entziffern kann", erläutert Aleida Assmann. Unsere befreundeten Bildungsbürger wissen natürlich um ihren elitären Status und erkennen, dass in der Stadt selbst die Kontinuität verloren gegangen ist: „Nirgends kennt man Rom schlechter als in Rom", sagt Petrarca, meint aber, dass dieses Wissen um die Geschichte und damit auch das Selbstbewusstsein der Bürger wiederherstellbar wäre: „Wer kann daran zweifeln, dass sich Rom auf der Stelle wieder erheben würde, wenn es anfinge, sich selbst zu erkennen."

Der antiquarische Mensch

Damit sollte Petrarca, der seiner Zeit um etwa 100 Jahre voraus war, recht behalten. Die italienische Renaissance hat diese Verbindung zwischen dem literarisch überlieferten Wissen und den physischen Relikten der Antike wiederhergestellt, ein neues weltliches und auch städtisches Selbstbewusstsein ermöglicht und insgesamt eine Entwicklung zu einer immer intensiveren Beschäftigung mit der Geschichte eingeleitet. Es bildete sich der Typus des Antiquars heraus, eines Sammlers, Gelehrten und Experten für historische Artefakte, der diese Relikte als Quellen zu interpretieren vermochte. Die Antiquare schlossen sich zu Gesellschaften zusammen, korrespondierten und publizierten und waren so die ersten, die das Wissen um Geschichte und das materielle Erbe vereinten.

Parallel zur Entstehung der modernen Historiografie erfasst dann im 19. Jahrhundert das Interesse für die Geschichte immer weitere Kreise der bürgerlichen Gesellschaft. Die eigene Epoche wird als Resultat der Vergangenheit gesehen, man erkennt, dass alles unter dem Gesichtspunkt des Entwicklungsgedankens betrachtet werden kann. In seiner Schrift „Vom Nutzen und Nachteil der Historie" hat sich der junge Friedrich Nietzsche 1873 kritisch mit dieser Geisteshaltung des „Historismus" auseinandergesetzt, seine dem Leben und der Kreativität entgegenstehenden Aspekte aufgezeigt, gleichzeitig aber auch seine hilfreichen, stärkenden Seiten erkannt. Er unterscheidet mehrere Zugänge zur

Geschichte, einer davon ist der pietätvolle, konservative, den er den „antiquarischen" nennt. Den „antiquarischen Menschen" sieht er als den „Bewahrenden und Verehrenden …, der mit Treue und Liebe dorthin zurückblickt, woher er kommt, indem er das von alters her Bestehende mit behutsamer Hand pflegt, will er die Bedingungen, unter denen er entstanden ist, für solche bewahren, welche nach ihm entstehen sollen, und so dient er dem Leben." Nietzsche beschreibt das Verhältnis des antiquarischen Menschen zu seiner Stadt folgendermaßen: „Die Geschichte seiner Stadt wird ihm zur Geschichte seiner selbst; er versteht die Mauer, das getürmte Tor, die Ratsverordnung, das Volksfest wie ein ausgemaltes Tagebuch seiner Jugend und findet sich selbst in diesem allen, seine Kraft, seinen Fleiß, seine Lust, sein Urteil, seine Torheit und Unart wieder. Hier ließ es sich leben, sagt er sich, denn es läßt sich leben; hier wird es sich leben lassen, denn wir sind zäh und nicht über Nacht umzubrechen. So blickt er, mit diesem ‚Wir‘, über das vergängliche wunderliche Einzelleben hinweg und fühlt sich selbst als den Haus-, Geschlechts- und Stadtgeist. Mitunter grüßt er selbst über weite verdunkelnde und verwirrende Jahrhunderte hinweg die Seele seines Volkes als seine eigne Seele; ein Hindurchfühlen und Herausahnen, ein Wittern auf fast verlöschten Spuren, ein instinktives Richtig-Lesen der noch so überschriebenen Vergangenheit, ein rasches Verstehen der Palimpseste, ja Polypseste – das sind seine Gaben und Tugenden."

Neu-Wien versus Alt-Wien

Wie und unter welchen Bedingungen entwickelt sich solch ein antiquarisches Bewusstsein in einer Stadt, was kann es in einer Stadt bewirken und mit welchen Gegnern hat es zu rechnen?

Der Wiener Historiker Sándor Békési hat sich in mehreren Arbeiten mit der Auseinandersetzung zwischen den antiquarisch gestimmten Menschen und den Vertretern der Erneuerung am Beispiel Wien beschäftigt. In dem Aufsatz „Die Erfindung von ‚Alt-Wien' oder: Stadterzählung zwischen Pro- und Retrospektive" zeigt er, dass im ausgehenden 18. Jahrhundert zunächst eine positive Einstellung gegenüber den Veränderungen der Stadt vorherrschte. Noch unwidersprochen wünschten sich die Modernisten eine „Lüftung" der Stadt, die ihren mittelalterlichen Charakter aufgeben und sich entsprechend den Forderungen des Verkehrs und der Hygiene wandeln sollte. Aufgrund des Beharrens der Obrigkeit auf dem Festungsstatus der Stadt und dem daraus resultierenden Reformstau wurde bisweilen sogar die Utopie als Form der Stadtbeschreibung gewählt, die das Bild eines besseren, schöneren zukünftigen Wien beschwören sollte. Um 1800 wurde dann laut Békési diese fortschrittsgläubige Sicht durch eine neue retrospektive Haltung ergänzt: „Die Stadt wurde Geschichte – nicht mehr nur in ihren politisch legitimatorischen Genealogien, sondern auch in der Beschreibung ihrer konkreten baulichen Gestalt. Geschichtsschreibung und historische Topographie begannen auch in Wien, sich der Spuren der Vergangenheit und der Altertümer der Stadt anzunehmen. Jede Straße, jedes Bauwerk ließ sich praktisch zum Gegenstand der dokumentarischen Recherche und der Spurensicherung machen." Dabei überwog zunächst noch das historische Interesse. Die Erneuerungen bzw. Verbesserungen der Stadt wurden noch nicht bekämpft, aber das Schwinden der alten Bausubstanz beförderte die Bemühungen, das Vergehende aufzuzeichnen, es entstanden die ersten Geschichtswerke, die sich systematisch mit dem alten Häuserbestand der Stadt beschäftigten. Erst aus diesem derart akkumulierten Wissen erwuchs dann das Gefühl der Nostalgie nach dem Wien der Vergangenheit, wobei „zentrale Positionen und Denkfiguren abgesteckt und formuliert [wurden], die bis nach 1900 fortwirkten", so Békési. Die einzelnen zunächst bedrohten, dann abgebrochenen alten Häuser wurden zu „Persönlichkeiten", an denen man hing und deren Verlust man beklagte wie einen Verstorbenen: „Jahrelang haben wir Umgang gehabt mit diesem oder jenem Haus. Wir waren gute Freunde; an einander gewohnt; das Haus und Wir waren Du und Du. Ein paar Wochen sind wir abwesend: Wir finden es nicht mehr. Bitteres Herzleid erfaßt uns. [...] Was ist all der moderne kosmopolitische Weltschmerz, mit dem unsere jungen Leute kokettieren, gegen diesen ehrwürdigen bürgerlichen Stadtschmerz!", schrieb Franz Gräffer 1845 in „Kleine Wiener Memoiren". Getrieben von der Furcht vor der „Furie des Verschwindens", forderte jener Gräffer übrigens 1849 die Schaffung einer Art Reservats oder Freilichtmuseums in einem geschützten Stadtteil namens „Alt-Wien". Dieser Stadtteil sollte durchaus Bewohner haben, die, in alte Trachten gekleidet und mit altem Hausrat hantierend, die historische Lebens- und Arbeitswelt gleichsam museal für kommende Generation tradieren sollten. Diese biedermeierliche Nostalgie nach der guten alten Zeit erscheint uns aus heutiger Perspektive nicht nachvollziehbar. Ja, als Widerspruch in sich selbst. Wir übersehen dabei, dass die Biedermeierzeit ja keine ruhige, gemütliche Ära, sondern die Epoche eines gewaltigen gesellschaftlichen Umbruchs war. Johann Nestroy kann man als unglaublich wachen Zeitzeugen aufrufen, der sich in der kleinen Form volkstümlicher Theaterstücke mit den großen Themen der Zeit auseinandergesetzt hat. Mit Industrialisierung und beginnendem Kapitalismus, mit der Tatsache, dass sich mit Spekulation große Vermögen erwirtschaften ließen, während die „kleinen Leute" immer mehr in die Gefahr der Verelendung gerieten. Nestroy stand diesem neuen, am Profit orientierten Zeitgeist durchaus skeptisch gegenüber: „Drum, ich schau' mir den Fortschritt ruhig an – Und find', 's ist nicht gar so viel dran." In dem Stück „Zu ebener Erde und erster Stock" demonstriert er die soziale Ungleichheit und Ungerechtigkeit auf einer horizontal geteilten Bühne und macht so das Haus mit seiner Stockwerk-Hierarchie zum Symbol für das „merkantilische" Zeitalter. Tatsächlich spiegelt sich in der Ablöse des vorindustriellen „ganzen" Hauses in seiner Einheit von Wohnraum und Arbeitsstätte durch das um 1800 entstehende Zinshaus ein grundlegender gesellschaftlicher Wandel. Das Wohnbedürfnis wird zum Geschäft, das Haus zur Ware bzw. zur Wertanlage und zur Einkommensquelle. (Das Zinshaus hat seinen Namen nicht vom Zins, der zu zahlen ist, sondern vom Zins, den es abwirft. Es verschafft dem „Hausherrn" – in der Zinshausstadt Wien Inbegriff des Kapitalisten – ein arbeitsloses Einkommen.) Wenn also die Anhänger und Verteidiger Alt-Wiens den Verlust ihrer „Hausfreunde" und das Auftauchen der neuen Zinshäuser, „der kahlen, flachen monotonen Dinger, ohne Höfe, ohne Räume, ohne Licht und Luft, mit ihrer egoistischen Enge und ihrer filzigen zinserträgerischen Ökonomie", wie Gräffer meint, beklagen, dann steckt darin auch ein Stück Gesellschaftskritik. Békési hat mit Recht auf die Dialektik dieser vordergründig rückwärtsgewandten Haltung hingewiesen: „Im nostalgischen Stadtnarrativ ... wird bereits eine selbstbewusste Gegenhaltung gegenüber der vorherrschenden, vom kaiserlichen Hof und von Teilen der (stadt)bürgerlichen Elite ausgegebenen Devise der Stadtverschönerung eingenommen. Das heißt, obwohl vergangenheitsorientiert, stellte es gewissermassen zugleich einen Modernisierungsschritt dar."

In diesen um die Jahrhundertmitte formulierten Ansätzen zu einem Widerstand gegen die kapitalistische Zerstörung des gebauten Erbes könnte man durchaus Parallelen zu den genau gleichzeitig in England formulierten Gedanken eines John Ruskin sehen, dessen folgenreiches Buch „Die sieben Leuchter der Baukunst" 1849 erschienen ist. Ruskin vertrat eine an den Vorstellungen einer idealen mittelalterlichen Gesellschaft orientierte antiindustrielle Soziallehre und war gleichzeitig einer der frühesten und glühendsten Verfechter für eine sanfte, pietätvolle Erhaltung des kulturellen Erbes. Sein Gedankengut mündete in eine breite, vor allem durch die Persönlichkeit William Morris getragene Reformbewegung, die schon in den 1870er-Jahren großen gesellschaftlichen Einfluss gewann. Eine vergleichbare Entwicklung blieb in Österreich zunächst aus. Zu einer breiteren Formation und Organisation jener Kräfte, die sich für eine Bewahrung des historischen Wiener Hausbestandes engagierten, kam es erst in den Jahren um die Jahrhundertwende.

Auf zum letzten Gefecht

Durch die Regulierungsmaßnahmen der Gründerzeit war der historische Hausbestand der Innenstadt dezimiert worden, das Straßenbild der wichtigsten Verkehrs- und Einkaufsstraßen hatte sich komplett verändert. Viele der bedeutenden alten Häuser hat man noch vor dem Abbruch durch Aquarelle oder Fotos dokumentiert, ansonsten gab es jedoch keine Handhabe gegen die fortschreitende Auswechslung des Baubestands. Die Bürger mussten den „Stadtschmerz" ertragen. Um 1900 sollte sich die Situation ändern. Der Umbau der Stadt hatte durch die Eingemeindung der Vororte 1890 nochmals an Dynamik gewonnen, die letzten Reste von „Alt-Wien" schienen bedroht. Gleichzeitig war aber der Denkmalschutzgedanke auch im deutschsprachigen Raum einflussreicher geworden. Seine Exponenten hatten sich international vernetzt, Pläne für entsprechende Gesetze wurden diskutiert. Auch die bereits seit 1850 existierende, allerdings weitgehend macht- und mittellose „k.k. Zentral-Kommission für Erforschung und Erhaltung der Kunst- und historischen Denkmale" war um die Jahrhundertwende unter neuer Führung zu einer ernstzunehmenden Stimme im gesellschaftlichen Diskurs geworden. Die Erhaltungsbefürworter schlossen sich etwa in lokalen Gruppierungen wie dem „Verein zum Schutz und zur Erhaltung der Kunstdenkmale Wiens und Niederösterreichs" oder zu internationalen Verbindungen wie der „Heimatschutzbewegung" zusammen. Aus dem Gefühl des ohnmächtigen „Stadtschmerzes" war ein engagiertes Erhaltungsinteresse geworden. Die Debatte um Veränderung oder Erhaltung gewann an Schärfe, wurde zunehmend mit publizistischen Mitteln ausgetragen und kulminierte schließlich an einem konkreten Anlassfall: Zur Verbesserung der Verkehrssituation sollte eine neue Nord-Süd-Querung der Innenstadt parallel zur Kärntner Straße geschaffen werden, was großflächige Abbrüche im Bereich von Annagasse, Johannesgasse und Himmelpfortgasse notwendig gemacht hätte. Um das zu verhindern, initiierte der damalige Generalkonservator der staatlichen Denkmalschutzorganisation, Max Dvořák, die Aufsatzsammlung „Zur Rettung Alt-Wiens". Die 1910 erschienene Sammlung enthielt Beiträge zahlreicher prominenter Wienliebhaber wie des Architekten Heinrich Sitte, des Kunsthistorikers Hans Tietze oder auch des Soziologen Werner Sombart. Es ging um die prinzipielle Entscheidung, ob Wien sich zu einer „seelenlosen" modernen Großstadt wandeln oder seine spezifische „gemütliche" Individualität behalten sollte. Dabei zeigt Tietze etwa den Konflikt zwischen dem Partikularinteresse des einzelnen Grundbesitzers und dem der Heimatschutzbewegung zugrunde liegenden Gemeinschaftsinteresse auf, während Sombart empfiehlt, nicht in blindem Modernisierungswahn falschen Vorbildern wie Berlin oder gar New York zu folgen, sondern auf den Charakter und die Atmosphäre der Stadt zu setzen. Wien sei „Kultur. Ganzheit. Ausgeglichenheit […], die regulative Kulturidee". In diesem hitzigen Kulturkampf zwischen den Wienliebhabern, die die „Soft Skills" der Stadt verteidigen, und den Modernisten – zu denen etwa, wie eingangs erwähnt, Karl Kraus, aber auch Egon Friedell gehörten –, scheinen zunächst die Befürworter Alt-Wiens die Oberhand behalten zu haben. Es wurde jedenfalls keine neue Bresche in die Altstadt geschlagen. Die folgende Entwicklung, der Ausbruch und Verlust des Ersten Weltkriegs und die daran anschließende wirtschaftliche Stagnation, ist jedenfalls der Erhaltungsfraktion zugutegekommen. Der Kampf zwischen Bewahrern und

Erneuerern hat in der Zwischenkriegszeit keine große Rolle gespielt.

Friedliche Koexistenz und ihr Ende

Nachdem der Zweite Weltkrieg die größenwahnsinnigen Umbaupläne des NS-Regimes verhindert, aber auch in zentralen Bereichen der Stadt eine Ruinenlandschaft zurückgelassen hatte, verlief die Periode des Wiederaufbaus wenig kontroversiell. Die erstaunlich rasche denkmalpflegerische Instandsetzung der wichtigsten Kulturbauten, die als patriotische Symbole der „Auferstehung" eines demokratischen Österreichs propagiert wurde, hat die Fraktion der Denkmalschützer gestärkt, doch fanden auch die Modernisten im Wiederaufbau ein großes Betätigungsfeld. Erst ab der Mitte der 1960er-Jahre scheint sich die Situation wieder zu ändern. Abbrüche einiger historischer Palais, aber auch der Verlust der barocken „Rauchfangkehrerkirche" (siehe Seite 63), die als lokales Wahrzeichen wahrgenommen wurde, bewirkten neuerlich eine Sensibilisierung zugunsten der Erhaltungsbefürworter, die zunächst die intellektuellen Eliten auf ihrer Seite hatten. Auch in den 1970er-Jahren hatten die Freunde der historischen Stadt noch eine gute Zeit. Der Magistrat entdeckte die Qualitäten der alten Bausubstanz, Schutzzonen wurden eingerichtet, und man bemühte sich, dieses Instrument auch sinnvoll zur Erhaltung der Substanz einzusetzen. 1975 wurde das vom Europarat ausgerufene Internationale Jahr des Denkmalschutzes als großer Erfolg gefeiert. Das Blatt wendete sich dann in den 1980er-Jahren mit dem Auftreten der Postmoderne. Neue Architektur wurde plötzlich ein Thema, für das sich junge, urbane Leute interessierten, es war chic, darüber zu diskutieren. Gleichzeitig führte die zunehmende touristische Vermarktung des kulturellen Erbes zu einem Verlust seines Stellenwertes für die Bevölkerung. Es sank in ihren Augen zu einer Ware herab, die, für den raschen Konsum aufbereitet, von den Einheimischen nur mehr als Kitsch wahrgenommen wurde. Charakteristisch dafür ist die Debatte um das MuseumsQuartier, in der der alte Kulturkampf zwischen den Denkmalschützern und den Modernisten wieder mit voller Härte ausbrach. Es ging um die Umwidmung der Habsburgischen Hofstallungen zu einem modernen Museumskomplex, dessen Architektur den Sieg über die (feudale) Vergangenheit signalisieren sollte. Der sich über Jahre hinziehende Kampf endete schließlich in einem keine Partei zufriedenstellenden Kompromiss. Der Teilerfolg der Bewahrer verdankt sich wesentlich der Kampagne eines unter Intellektuellen umstrittenen populären bzw. populistischen Mediums und erscheint daher desavouiert.

Herausforderungen an Gegenwart und Zukunft

Und die Situation heute? Die starken Gefühle von damals gibt es so nicht mehr. „Stadtschmerz" wird kaum mehr empfunden. Es existieren eine Reihe von Schutzmechanismen für die historische Bausubstanz, die, halbherzig angewendet, die gravierendsten Einbrüche verhindern. Der Welterbe-Status der Stadt wird eher als lästige Verpflichtung denn als Herausforderung gesehen. Veränderung durch Entkernungen und Aufstockungen passieren laufend, aber schleichend, sie werden nicht mehr so deutlich wahrgenommen, obwohl sie in ihrer Summe zu einer entscheidenden Umwandlung und Verfremdung des Stadtbilds führen. Insgesamt lässt sich sicher konstatieren, dass das Bewusstsein für die Stadt als Geschichtsspeicher stark abgenommen hat. Der „antiquarische Mensch", der sich, durch Pietät motiviert, mit der Stadt und ihrer Vergangenheit identifiziert, ist fast ausgestorben. Der einstige „Heimatkundeunterricht" in den Schulen, der ja durchaus auch im Sinne einer „Großstadtheimatkunde" funktioniert hat, wurde durch die neutrale „Sachkunde" ersetzt. So wird das Wissen um die Stadt und ihre Geschichte kaum mehr tradiert. und dieses Wissen ist, wie wir gesehen haben, Voraussetzung für das Wachsen einer lebendigen Beziehung – eine Beziehung, die gerade auch für die zweite und dritte Generation der Migranten wichtig wäre. Dass sie eine wertgeschätzte Stadt als Heimat empfinden, könnte ein wesentlicher Faktor für eine gelungene Integration sein. In England hat man für diese Interdependenz von Wissen, Bewusstsein, lebendigem Interesse und Engagement das Bild des „Virtuous Circle" entwickelt: Wissen und Verständnis generierten Wertschätzung, die das

Interesse an der Erhaltung stimuliert, aus dem Engagement für die Erhaltung entstehen Befriedigung und Freude, die wiederum wissensdurstig machen. Wie aber lässt sich so ein Kreislauf in Gang setzen, wenn er zum Stillstand gekommen ist? Einen zeitgemäßen Beitrag können die Bildmedien leisten, die auf einfache Weise die Historizität einer Stadt zu transportieren vermögen. Damit sind nun nicht nur didaktisch aufbereitete Fernsehbeiträge mit kulturellem Content gemeint. Der Film „Caro diario" (1993) ist eine Liebeserklärung Nanni Morettis an den römischen Stadtteil Garbatella. Moretti fährt auf seiner Vespa durch die Straßen. Vor den Wohnbauten, die er passiert, tauchen die Jahreszahlen ihrer Entstehung auf. Man fährt mit ihm durch die Stadt und wird sich ihrer Geschichtlichkeit bewusst. Man fährt durch den Raum und erkennt, dass man auch durch die Zeit fährt. Woody Allen erzählt in „Midnight in Paris" (2011) die Geschichte eines Mannes, der jede Nacht in die Vergangenheit entführt wird. Seine Erlebnisse und Abenteuer spielen an historischen Orten, die aber in der Gegenwart noch präsent sind. Die Grenzen zwischen Vergangenheit und Gegenwart verschmelzen. Geschichte findet Stadt.

Städte werden nicht an einem Tag gebaut. Jedes Haus, jedes Mobiliar der Stadt hat sein Entstehungsdatum eingeschrieben, jeder Stadtspaziergang ist auch ein Weg durch ihre Vergangenheiten. Manch weitere Information wird aber erst durch einen genaueren Blick auf oder unter die Oberflächen, durch Recherche, Befragung und Information zu gewinnen sein. Das sind dann jene Palimpseste und Polypseste, die gelesen werden wollen, das ist dann jenes „Wittern auf fast verlöschten Spuren", das aus dem „Cold Case" einer scheinbar abgeschlossenen Vergangenheit nicht nur lebendige Gegenwart macht, sondern vielleicht auch weiterführt. Literaturwissenschaftler Massimo Salgaro formuliert das folgendermaßen: „Jeder Spur eignet etwas Doppelsinniges: Sie ist ein Zeichen des schon Dagewesenen und zugleich eine Fährte, ein Richtungsweiser in etwas Unbekanntes."

Adressverzeichnis

Personenverzeichnis

Literaturverzeichnis

Assmann, Aleida: Erinnerungsräume – Formen und Wandlungen des kulturellen Gedächtnisses, München 1999

Autengruber, Peter: Lexikon der Wiener Straßennamen, Wien 2001 (4. Aufl.)

Békési, Sandor: Die Erfindung von „Alt-Wien" oder Stadterzählungen zwischen Pro- und Retrospektive, in: Monika Sommer/Heidemarie Uhl (Hg.), Mythos Alt-Wien, Spannungsfelder urbaner Identitäten, Innsbruck/Wien/Bozen 2009, S. 45ff

Coeckelberghe-Dützele, Gerhard Robert Walter von: Die kaiserliche Burg in Wien, Wien 1853

Corti, Egon Caesar: Elisabeth, die seltsame Frau, Salzburg 1934

Csaky, Moritz: Das Gedächtnis der Städte, Wien/Köln/Weimar, 2010

Czech, Hermann/Mistelbauer, Wolfgang: Das Looshaus, Wien 1976

Czeike, Felix: Historisches Lexikon Wien, 5 Bd., Wien 1992–1997

Dahm, Friedrich: Das Riesentor, Archäologie, Bau- und Kunstgeschichte, Naturwissenschaften, Restaurierung, Wien 2008

Dehio-Handbuch, Die Kunstdenkmäler Österreichs, Wien II. bis IX. und XX. Bezirk, Wien 1993

Dehio-Handbuch, Die Kunstdenkmäler Österreichs, Wien X. bis XIX. und XXI. bis XXIII. Bezirk, Wien 1996

Dehio-Handbuch, Die Kunstdenkmäler Österreichs, Wien, I. Bezirk – Innere Stadt, Horn/Wien 2003

Die erste internationale Jagd-Ausstellung Wien 1910: ein monumentales Gedenkbuch, Wien/Leipzig 1912

Dvořak, Max: Schriften zur Denkmalpflege, gesammelt und kommentiert von Sandro Scarrocchia, Wien/Köln/Weimar 2012

Friedländer, Otto: Letzter Glanz der Märchenstadt, Wien/München 1969

Graf, Otto Antonia: Otto Wagner, Das Werk des Architekten, 2 Bd., Wien/Köln/Graz 1985

Grafl, Franz: Praterbude und Filmpalast – Wiener Kino-Lesebuch, Wien 1993

Hajós, Géza: Romantische Gärten der Aufklärung: Englische Landschaftskultur des 18. Jahrhunderts in und um Wien, Wien/Köln 1989

Harrison, Robert: Die Herrschaft des Todes, München/Wien 2006

Hasse, Jürgen: Atmosphären der Stadt – Aufgespürte Räume, Berlin 2012

Kapfinger, Otto/Krischanitz, Adolf: Die Wiener Secession. Das Haus: Entstehung, Geschichte, Erneuerung, Wien/Köln/Graz 1986

Kassal-Mikula Renata (Hg.): Steinerne Zeugen, Relikte aus dem Alten Wien, Katalog der 346. Sonderausstellung des Wien Museums, Wien 2008

Kortz, Paul: Wien am Anfang des XX. Jahrhunderts, 2 Bd., Wien 1905

Kos, Wolfgang/Rapp, Christian (Hg.): Alt-Wien, Die Stadt, die niemals war, Katalog der 316. Sonderausstellung des Wien Museums, Wien 2004

Kraus, Karl: Die Fackel, Wien 1899–1936, online Ausgabe: http://corpus1.aac.ac.at/fackel/

Kristan, Markus: Carl König 1841–1915. Ein neubarocker Großstadtarchitekt in Wien, Wien 1999

Le Goff, Jacques: Die Liebe zur Stadt, Eine Erkundung vom Mittelalter bis zur Jahrtausendwende, Frankfurt/New York 1998

Legen-Preissl, Manuela: Plastik und Blume, was blieb von der WIG 64, in: Österreichische Zeitschrift für Kunst und Denkmalpflege 66. Jg., Heft 1/2, 2012, S 79ff

Meißl, Gerhard: Hierarchische oder heterarchische Stadt, Metropolen-Diskurs und Metropolen-Produktion im Wien des Fin-de-siècle, in: Horak, Roman (Hg.), Metropole Wien. Texturen der Moderne, Wien 2000

Mitscherlich, Alexander: Die Unwirtlichkeit unserer Städte. Anstiftung zum Unfrieden, Frankfurt a. M. 1965

Nietzsche, Friedrich: Vom Nutzen und Nachteile der Historie für das Leben, Stuttgart 1964

Österreichische Kunsttopographie, Bd. 44, Die Profanbauten des III., IV. und V. Gemeindebezirkes, Wien 1980

Payer, Peter: Die Wiener Opernkreuzung, Exerzierfeld der Moderne, in: dérive – Zeitschrift für Stadtforschung Nr. 50, Jänner–März 2013, S. 45ff

Perger, Anton Ritter von: Der Dom zu Sanct Stephan in Wien, Triest 1854

Pichler, Gerd: Die Nikolaikapelle im Lainzer Tiergarten in Wien, Wien 2002

Pötschner, Peter/Friedl, Guido: Geschäftsportale, Geschäftslokale – Denkmäler? In: Österreichische Zeitschrift für Kunst und Denkmalpflege, 30. Jg., Heft 1–3, S. 126ff

Rigele, Georg: Die Wiener Höhenstraße, Wien 1993

Ruskin, John: Die sieben Leuchter der Baukunst, Dortmund 1994

Salgaro, Massimo: Titel als Spuren, in: Elmar Locher (Hg.) Bloch: Spuren, Lektüre, Bozen/Innsbruck/Wien 2008

Schwarz, Werner Michael: Kino und Kinos in Wien – Eine Entwicklungsgeschichte bis 1934, Wien 1992

Sennet, Richard: Fleisch und Stein – Der Körper und die Stadt in der westlichen Zivilisation, Berlin 1995

Tabor, Jan: Architektur und Faschismus, Traktat (in Thesen) über Charme und Sexappeal der authentischen faschistischen Architektur (Fragment), in: Österreichische Zeitschrift für Kunst und Denkmalpflege, 61. Jg., Heft 1, 2007, S. 106ff

Tantner, Anton: Ordnung der Häuser, Beschreibung der Seelen: Hausnummerierung und Seelenconscription in der Habsburger-Monarchie, Wien (Univ.-Diss.) 2004

Wagner-Rieger, Renate: Wiens Architektur im 19. Jahrhundert, Wien 1970

Wurzbach, Constant von: Biographisches Lexikon des Kaiserthums Österreich, 60 Bd., Wien 1856–1891

Eine magische Reise in Wort und Bild.

Wolfgang Freitag
Zu den Schattenorten von Wien
*Auf faszinierende Weise gibt uns der Autor Einblick
in ein anderes Wien, führt uns zu den Menschen, die
dahinter stehen.*
160 Seiten, Hardcover,
mit zahlreichen teils vierfarbigen Fotos
ISBN 978-3-99300-055-4, € 19,90

www.metroverlag.at

Wien, wie es keiner kennt.

Andrea Peller, Martin Swoboda
Wien für Neugierige!
Ein Führer zu den geheimen Winkeln, die sich
Wien-Besuchern und Wienern selbst erst auf den
zweiten Blick erschließen.
192 Seiten, Hardcover,
mit zahlreichen Fotos
ISBN 978-3-99300-122-3, € 19,90

www.metroverlag.at